GANA VENTAS Y CONQUISTA METAS

Luis Miguel Torres Arroyo

La Guía Práctica para ejecutivos de
venta a empresas
que desean incrementar resultados

PRESENTACIÓN

Hola mi estimado cazador de oportunidades, espero que logres aceptar el reto de conocer y poner en práctica los pasos que te ayudarán a alcanzar tus metas.

Esta guía, junto con tu valor e inteligencia, te darán las herramientas y técnicas para desarrollar tus habilidades en:

1. Estructurar un método eficaz de ventas para planear, prospectar, presentar y mantener relaciones comerciales de largo plazo.

2. Conocer las técnicas de venta para ayudar a clientes a tomar decisiones de compra responsable.

3. Asegurar calidad en la contratación, implementación y soporte posventa al cliente que garantice
referencias por satisfacción.

4. Descubrir los secretos del éxito en ventas

Atrévete a ser el mejor

Cada vez que te encuentras en una de las siguientes situaciones por presiones en el cumplimiento de metas o mejora de resultados seguramente escucharas a tus compañeros o a ti mismo mencionar:

Necesito un automóvil, adquirir una casa, hacer el viaje deseado, pagar una mejor educación a mis hijos.

Estoy desmotivado solo me exigen y no me dan herramientas.

Las metas son inalcanzables y parece que no quieren que ganemos comisiones.

No tengo tiempo y quiero un curso de ventas práctico, con técnicas y que me digan rápidamente como mejorar mis resultados.

Este ambiente de ambición y decepción se convierte para ti en un dilema y te preguntas: ¿Qué tengo
que hacer para obtener lo que quiero? ¿Como avanzar más rápido? ¿Como alcanzar mis metas? o ¿Qué acciones debes realizar al salir de una junta de ventas? donde alguno de tus compañeros es regañado, humillado y evidenciado por sus superiores o en el peor de los casos si eres tú al que están poniendo como ejemplo de lo que no se debe hacer.

¡¡¡Échale Ganas!!!

Es lo que recibes de consejo por parte de tus superiores cuando te ponen un reto o una meta que pareciera inalcanzable. Tus jefes o compañeros en la jungla de las ventas, difícilmente te enseñan cómo desafiar tus propios retos, como utilizar herramientas, dominar técnicas, negociar con clientes para superarte a ti mismo y ser el mejor.

Gana Ventas y Conquista Metas te ayudará de forma rápida, sin rollos, mediante situaciones reales, cómo lograr paso a paso éxito en tu carrera comercial para crecer a niveles gerenciales, directivos y hasta convertirte en el dueño de tu propio negocio.

Éxito en tu aventura

SOBRE EL AUTOR

Luis Miguel Torres es International MBA por el IE Business School de Madrid España y es egresado de Licenciatura en Administración por la UNAM en México.

Cuenta con una trayectoria profesional de 15 años de experiencia en el sector Bancario con especialización en estrategia comercial, creación de negocios, marketing digital, alianzas, educación financiera, dirección de ventas y capacitación.

Consultor. Ha desarrollado nuevos productos para Banca Empresarial y la estrategia comercial para la atracción, desarrollo y retención de clientes de la Banca de Gobierno e Instituciones. Para la Banca de Negocios PyME ha definido la estructura, el perfil, reclutamiento, selección, capacitación, campañas de marketing, alianzas, impulso a nuevos productos de crédito y mejores prácticas en procesos de actividad comercial para incrementar ventas.

Conferencista. Ha impartido diversas presentaciones sobre temas de Emprendedores, Ventas y Liderazgo al público universitario, ejecutivos, gerentes y directores de venta, así como a empresarios de pequeñas y medianas empresas en todo el País.

Coach de Ventas. Siendo responsable del entrenamiento en la estandarización de gestión de fuerza de ventas con Directores Regionales, Gerentes de Mercado, Coordinadores de venta, Gerentes de Sucursal, Ejecutivos PyME, Especialistas de Producto y Ejecutivos Personales para incrementar su productividad.

LUIS MIGUEL TORRES ARROYO

Actualmente emprendio el sitio:

www.liderbancario.com

En la que ofrece Cursos y Herramientas para potenciar resultados del talento bancario a Directores, Gerentes y Ejecutivos de venta.

DEDICATORIA

A mis hijos Sahily y Fernando, fuentes de mi inspiración que me impulsan a heredar mi legado, para que encuentren en mis palabras ese consejo que les ayudara a alcanzar sus sueños.

A mi Madre Alma Rosa, que gracias a su esfuerzo y valores me dio la oportunidad de prepararme y tener la ambición de ser el mejor.

A todos los ejecutivos de venta que comprenden la razón de ser de su profesión: Asesorar al cliente para impulsar su crecimiento y que a su vez puedan generar más empleo o más empresas, mejorando la calidad de vida de la sociedad, creando un circulo virtuoso en beneficio de todos.

A mis Familiares, Amigos, Maestros, Colegas y Lideres que me compartieron sus conocimientos para ayudar a cumplir sueños extraordinarios.

TEMARIO

Módulo 1: Planeación

Objetivo: Obtener una metodología para lograr un enfoque a resultados, una óptima gestión del tiempo y convertirse en un experto de las características y beneficios del portafolio de productos que te ayudarán a realizar propuestas de valor al cliente.

1. Metas
2. Acciones comerciales
3. Agenda del asesor integral
4. Gestión de resultados
5. Portafolio de productos
6. Ética y valores

Módulo 2: Prospección

Objetivo: Incrementar la cartera de clientes por medio de la comprensión de necesidades, definición de perfiles y elaboración de estrategias de comunicación para calificar, contactar y programar citas.

1. Prospectar clientes
2. Proceso de compras
3. Calificar al cliente
4. Perfil de comportamiento de los clientes
5. Contactar a clientes

Módulo 3: Presentación

Objetivo: Ganar más ventas comprendiendo cómo realizar presentaciones frente al cliente al prepararte en organizar tus preguntas, beneficios, argumentos y negociación para cierres de firmas de contratos.

1. Preparación y Convicción
2. Imagen y protocolo
3. Técnicas de venta

4. Propuesta consultiva e integral
5. Manejo de objeciones, negociación y cierre

Módulo 4: Posventa
Objetivo: Garantizar la permanencia, venta cruzada y recomendación de clientes con la satisfacción de sus requerimientos.
1. Contratación e Implementación
2. Soporte
3. Venta cruzada
4. Referencias

Módulo 5: Secretos del éxito en ventas
Objetivo: Cambiar a una mentalidad ganadora y orientada a cumplimiento de metas
1. Secretos del asesor profesional en ventas
2. Convence a tu mente
3. Visualiza el triunfo
4. Genera riqueza
5. Entrena tu cuerpo
6. Domina el proceso

MÓDULO 1: PLANEACIÓN

Tema 1: Metas

Concepto:

Una meta es el resultado al que debo, puedo y quiero lograr en el tiempo determinado para conseguir mis recompensas.

Situación

Fernando terminó sus estudios, o en otro caso ya no quiso estudiar, busca ofertas de trabajo y lo que encuentra en exceso son ofertas de ejecutivo de ventas o asesor comercial. No tiene idea de vender y el anuncio menciona sin experiencia, pero con mucha actitud. Fernando recuerda que alguien le dijo que el primer comienzo de un buen empleo es ingresar a la empresa a trabajar en el puesto que sea y después te mueves al área que te guste.

Han pasado 2 meses del ingreso de Fernando al área de ventas y terminó su periodo de entrenamiento. Un par de clientes se quejaron por la falta de atención, asesoría y solución a sus necesidades, siente frustración porque no ha logrado obtener comisiones por la falta de venta de productos o servicios que le asignaron, el sueldo que gana es muy bajo, apenas para cubrir su costo de vida.

Un colega de Fernando observa su comportamiento y por alguna razón decide ser su mentor y aconsejar para que Fer se enfoque y tenga éxito. El mentor le pregunta: ¿Qué motivo te impulsa hoy para cumplir tu compromiso de mejora de resultados de mañana?

Pasos

¿Cómo lograr metas de ventas?

Ahora vamos a nuestro presente, nuestra realidad acerca de tu día a día y cómo definir tus metas de ventas y cómo alcanzarlas de una forma rápida y práctica. Para lograrlo deberás seguir estos pasos:

Sigue estos *6 pasos* para ganar tus recompensas:

1. Ordena y da prioridad a las metas para revisar, cuantificar y medir con el tablero de control objetivos de venta: A) Clientes Nuevos, B) Incrementar compras de clientes actuales, C) Rentabilizar precios.

2. Clasifica a cada cliente por su valor de compra y vinculación de productos para alinear objetivos y gestionar tiempos y agenda con cada uno.

3. Define objetivos y acciones con un control de avance con los clientes. Ejemplo: Calificar, Llamar, Citar, Contratar, Entregar, Cobrar, Satisfacer, Vincular, Referenciar.

4. Dedica con una disciplina diaria de 5 a 10 minutos para acelerar resultados y dar prioridad a clientes con mayor probabilidad de contratación por oferta.

5. Consigue y prepara las herramientas de venta básicas: Eq. Computo, Teléfono, Transporte, Folletería, demostraciones.

6. Alinea tus metas personales y de la empresa con las recompensas. Ejemplo:

Casa – Reunir el enganche duplicando por 2 mi sueldo en comisiones e incentivos.

Automóvil – Comprar de contado al enfocarse en atraer clientes nuevos para obtener el bono.

Vestimenta – Aprovechar promociones dedicando tiempo a clientes en campaña.

Restaurantes – Celebrar éxitos una vez al mes logrando referencias de clientes actuales.

Viajes – Ganar el concurso de convención por el incremento de ventas de productos.

Gimnasio – Ejercicio continúo logrando objetivos de venta diarios.

Entretenimiento – Disfrutar recompensa cumpliendo la meta semanal.

Aprendizaje – Invertir desarrollando habilidades para ser un experto en asesorar al cliente.

Donaciones – Ayudar con tiempo de voluntario para enfocar en calidad de servicio.

Salud – Consentir mi cuerpo y mente para generar energía positiva con clientes

Consejo

Cuando no logres tus metas, cambia tu mentalidad de "No pude y no voy a poder" a "Si puedo y lo voy a lograr" enfócate en:

1. Preguntarte: ¿Qué tengo que hacer? ¿Cómo lo voy a lograr? ¿Cuándo lo voy a realizar?

2. Cada vez que tengas una justificación o pretexto de no llegar a

tu meta, repite lo siguiente

Si es alcanzable la meta

Si hay clientes

Si interesan los productos

Si es atractiva la oferta

Si es ágil el proceso

Si utilizo herramientas de ventas

Si tengo tiempo para visitas

Si otorgo calidad en servicio

Si soy profesional en ventas

Si deseo las recompensas

Compárate en un ranking compartiendo mejores prácticas con tus colegas.

Realiza una lista de hábitos que están quitando tiempo o impiden lograr tu agenda

Tema 2: Acciones Comerciales

Concepto

Son las actividades detalladas del proceso de ventas que se realizan de forma diaria, con una disciplina constante y medidas con indicadores para una mejora continua y que aseguran el logro de metas.

Situación

Estoy cansado, trabajo muy duro y no logro vender.

Armando es un Ejecutivo de ventas que tiene un año en la empresa y se encuentra en el dilema de renunciar o hacer algo diferente para cumplir sus metas.

Haciendo una reflexión sobre su rendimiento, identifica los siguientes síntomas:

Tengo demasiados clientes que no son perfil.
En las llamadas no consigo a quienes toman las decisiones.
No tengo suficientes citas en la semana.
Me piden mayor número de contratos firmados pero los clientes dicen que lo van a pensar
Trabajo más horas y no tengo tiempo para dar seguimiento a clientes.
Mis clientes actuales me exigen servicio y no vendo más.

Armando finalmente se pregunta:

¿Porque no logro llegar a la meta si tengo toda la actitud?
¿Cómo lograron ser los mejores en ventas quiénes van en los primeros lugares del ranking?
¿Qué tengo que hacer para ganar?

Pasos

Si te ha sucedido un bajo rendimiento y te haces las mismas preguntas, o deseas evitar lo que sucede a Armando, sigue los siguientes pasos para solucionar esas situaciones y enfocarte en el camino del éxito en ventas:

1. Define tu propio proceso y detalla cada actividad haciendo una

lista ordenando el antes, durante y después de las relaciones comerciales con tus clientes. Ejemplo:
   1. Antes
      1. Aprender los productos y procesos
      2. Obtener lista de clientes
      3. Clasificar clientes por su volumen de compra y vinculación de productos
      4. Perfilar clientes de acuerdo con los requisitos de los productos.
      5. Priorizar el contacto a los clientes por su potencial de compra.
      6. Elaborar guion de oferta y beneficios
   2. Durante
      1. Llamar, enviar correo, mensajes a clientes y agendar citas
      2. Preparar presentaciones, folletería y demostraciones.
      3. Visitar, presentar y firma de contratos con clientes
   3. Después
      1. Implementar entrega de producto o servicio
      2. Medir la satisfacción del cliente e incrementar su vinculación
      3. Solicitar referencias para nuevos clientes
      4. Reunión o llamadas de resultados con gerencia.
2. Asigna tiempo en minutos a cada actividad de forma diaria y ajusta a 8 horas efectivas de trabajo.
3. Establece una cantidad de clientes a cada actividad de acuerdo con un control de avance semanal para poner tus propias metas. Ejemplo:

   1. Lista de clientes: 100
   2. Calificar clientes que cumplen perfil: 80
   3. Contactar a clientes con respuesta por llamada, correo o mensaje: 60

4. Visita a clientes para detectar necesidades y presentar propuesta: 15
   5. Visita a clientes para firma de contrato (cierre de venta): 5
   6. Implementación de producto y servicio y satisfacción del cliente: 5
   7. Realiza las actividades durante una semana y lleva un control con indicadores dividiendo lo que realmente hiciste comparado con tu ideal. Ejemplo:
      1. Calificar de 100 clientes solo califique 40 y la meta eran 80. El indicador de resultado es 50% ((40/80))*100) y debí llegar al 100% de la meta de 80. Es decir, calificar a 80 de 80.
      2. Contactar de 60 clientes solo contacte a 50 y la meta eran 60. El indicador de resultado es 83% ((50/60))*100) y debí llegar a la meta de 60.
      3. Visita a 5 clientes para firma de contrato, cerré con 5 clientes. El indicador de resultado es 100% ((5/5)*100) llegue al 100% de la meta semanal.
   8. Define otros indicadores alineados con la meta de la empresa. Ejemplo:
      1. Cuota en dinero de ventas realizadas / Meta cuota de ventas en dinero
      2. Cantidad de productos vendidos / Meta de cantidad de productos
      3. Clientes nuevos / Clientes actuales
4. Compara tus indicadores contigo mismo de una semana a otra y también con tus colegas para identificar mejores prácticas para cumplir tus metas.

Consejos

Cambia tu afirmación de "No tengo tiempo para realizar todas esas actividades" a "Tengo el tiempo suficiente para lograr mis metas" Gestionando mejor mis tiempos e identificando actividades que no generan valor a mis acciones comerciales. Ejemplo, clientes sin potencial, realizar labores administrativas en un horario de citas. Aprovechar tiempos de traslado para seguimiento a clientes.

Tema 3: Agenda del asesor integral

Concepto

Es la programación de actividades comerciales hora por hora y día a día de lunes a viernes para llevar orden, disciplina, control y balance entre actividades con clientes, administrativas y con gerencia

Situación

"Toma los folletos y sal a vender". Es lo que mencionaron a Laura cuando pregunto sobre su capacitación

Laura otorga la mejor atención y servicio a sus clientes, vive por ellos ya que le han ayudado a obtener buenas comisiones. Conforme pasaba el tiempo obtenía mayor experiencia con el trato al cliente, sin embargo, la competencia y los requisitos de los productos la han obligado a dedicar tiempo a labores administrativas y mayor gestión por parte de la gerencia para revisar resultados. El tiempo de Laura se ha complicado pues se queda en oficina hasta muy noche para enterarse de los cambios de los productos y respondiendo correos y mensajes de clientes que exigen servicio. La vida personal de Laura también ha sido afectada ya que su pareja le pide mayor tiempo juntos y está al borde de la separación.

En una sesión de revisión de resultados le preguntan a Laura: ¿Porque no ha logrado las metas?
En la mente de Laura pasaban diferentes justificaciones como los clientes no están interesados, los productos son complicados, no tiene apoyos de la gerencia etc., pero de forma inmediata la gerencia cuestionaría haciendo comparación con algunos de sus colegas que sí han logrado sus metas: ¿Dime porque ellos si han logrado sus metas si tienen clientes similares, productos y procesos iguales?

Laura se pregunta: ¿Cómo administrar mejor mi tiempo?

Pasos

El ideal de todo asesor es cerrar contratos todo el tiempo con los clientes, pero la realidad es que no cuentas con un asistente personal, tampoco con especialistas para contratar, hacer las ordenes de pedido y dar soportes a los clientes, tu realizas todas las actividades así que para mantener un equilibrio lleva a cabo estos pasos:

1. Elabora una agenda semanal de lunes a viernes de 9:00 a 18:00 apartando dos descansos de 10 minutos y una hora de comida.
2. Utiliza tus actividades comerciales (tema anterior) y distribuye durante el día en bloques Ejemplo:
    1. Calificar todos los días de 9 a 10
    2. Llamar todos los días de 10 a 10:30 y de 15:30 a 16:00 así como en los traslados.
    3. Visitar clientes 3 veces al día. Primero a las 11, el segundo a las 13, el tercero a las 16:00
    4. Reporte de resultados a las 17:30
    5. Ocupar el resto de los horarios en la agenda para labores administrativas, capacitaciones, seguimiento a implementaciones y servicio a clientes entre otras.
3. Ajusta la agenda cuando por alguna razón un cliente te cita en otro horario o te llegan a cancelar de última hora. En este caso dedica el tiempo a contactar a los clientes para dar servicio y seguimiento.
4. Comparte tu agenda con la Gerencia de ventas y cualquier cambio en ella. Con esto reduces los tiempos de supervisión para reportar resultados.
5. Utiliza el calendario de tu celular o una tabla de excel para dar seguimiento.

Consejo

Tú llevas el control de tu horario y de tu agenda así encuentras el balance personal. Utiliza los descansos para enfocarte en tus motivos y metas personales que te llenarán de energía durante todo el día.

Tema 4: Gestión de resultados

Concepto:

Consiste en medir el avance de resultados con cada cliente y diseñar acciones hasta lograr obtener su satisfacción en el producto, atención y soporte

Situación

*"No tienes suficiente **pipeline** para cubrir tu meta mensual".* Escuchaba Juan durante una revisión de resultados con la Gerencia de ventas. ¿Qué significa pipeline? se preguntaba Juan.

Juan había logrado romper todos los récords de venta y sus colegas decían a que tenía suerte al tener un mercado con clientes con alto potencial. Juan era disciplinado y analizaba con mucho detalle a sus clientes para calificarlos y enfocar sus acciones de venta en aquellos que realmente eran valiosos. Hasta que un día lo asignaron a otro mercado, con otros clientes y no lograba llegar a la meta. Habían pasado cuatro meses y Juan mencionaba que está conociendo a los clientes y sus necesidades y que era difícil firmar contratos con los clientes hasta que pasara un tiempo y lograra confianza en ellos. Su Gerente de ventas le pidió una revisión de su pipeline solicitando: 1) el potencial de venta que podía lograr con cada uno de ellos, 2) el estado de avance con sus clientes y 3) las estrategias para avanzar hasta obtener su satisfacción por la atención y servicio.

Juan comprendió que solo dedicaba tiempo en identificar a los clientes que cubrían con el perfil del producto (calificar) priorizando a los que tenían una oferta especial, pero le faltaba un análisis y acciones con mayor detalle para cubrir sus metas y Juan se preguntaba ¿cómo logro tener un pipeline suficiente?

Pasos

¿Cómo logro tener un pipeline suficiente o clientes con alta probabilidad de cerrar ventas?

Conocer el flujo de conversión de un cliente desde la adquisición de sus datos de contacto, pasando por la visita hasta la evaluación de satisfacción es fundamental para definir acciones comerciales y acelerar el cumplimiento de metas. Sigue estos pasos para estar preparado en revisión de gestión de resultados y llevar el control de acciones con cada cliente:

1. Realiza una lista de tus clientes en Excel ordenando de mayor a menor de acuerdo con su valor de compra.
2. Agrega una columna para poner el o los productos y servicios que necesita
3. A continuación, escribe el volumen de compra que representa ese cliente si firmas contrato
4. Calcula el porcentaje que representa esa venta para llegar a tu meta. Ej. La venta del producto "x" del cliente "y" representa el 25% del cumplimiento de mi meta.
5. Continua con los 20 mejores clientes haciendo el cálculo con cada uno de ellos como en el punto anterior
6. Define el tiempo dedicado a cada cliente de acuerdo con los porcentajes que representan para llegar a tu meta.
7. En otra columna escribe la fecha de la última visita o contacto que tuvo el cliente con la empresa
8. Sigue escribiendo el estado de avance en una columna continua con ese cliente:
    1. Calificar: Evalúa su potencial por volumen de compra, oferta, cantidad de productos por vender (vinculación) y cubre requerimientos del producto o servicio
    2. Llamar: El cliente ha sido calificado y cubre con los

requisitos para llamarlo, enviarle correo o mensaje para programar una cita

3. Citar: Está programada una visita con el cliente para detectar necesidades y presentar propuesta del producto o servicio.

4. Contratar: El cliente aceptó la oferta y firma el contrato y se genera orden de pedido.

5. Entregar: El producto o servicio se está entregando e implementando con el cliente.

6. Cobrar: Se realiza la facturación y cobranza con el cliente

7. Vincular: Se visita al cliente para realizar venta cruzada de otros productos

8. Satisfacer: Se solicita al cliente llenar una encuesta de servicio del 1 al 10, siendo 1 la más baja y 10 la más alta satisfacción. Ej.1) Evaluación del Producto, 2) Evaluación del Ejecutivo, 3) Comentarios

9. Referenciar: Preguntar al cliente si conoce a alguien que pueda interesarle los productos y servicios para programar una cita.

9. Programa una fecha de contacto o visita dando como prioridad en tu agenda comercial a aquellos clientes que tienen un estado de avance de contratar

Consejo

El mayor porcentaje de estado de avance de tu pipeline (más del 50%) debe ser el de Citar ya que está a un paso de Contratar (30%)

y cubrir tus metas.

El pipeline suficiente es aquel listado de clientes con estado de avance Citar y con el volumen de compras identificado que superan al doble tu meta de ventas.

Tema 5: Portafolio de productos

Concepto

Es la oferta integral de productos y servicios que satisfacen las necesidades de los clientes

Situación

"Soy muy buena convenciendo a clientes, pero no logro hacer venta cruzada"

Mariel una asesora comercial con experiencia cubría sus ventas con los clientes actuales que le solicitaban los productos y servicios, es decir, solo tomaba el pedido sin gran labor para convencer a los clientes. La gerencia de ventas lanzo un concurso para incrementar la venta cruzada de los productos con clientes actuales. Para Mariel el premio era ambicioso ya que era un crucero donde siempre deseo estar. Sin embargo, en los primeros resultados ella se encontraba en los últimos lugares del ranking y pregunto a uno de sus colegas cuál era su clave de éxito para estar en el primer lugar al cual este respondió:

Conocer el producto te ayuda a manejar objeciones, argumentos y cierre de ventas, pero comprender cómo satisface de forma integral las necesidades de los clientes te ayudan a mantener una relación de largo plazo con dependencia entre sus necesidades y los productos y servicios que ofreces.

Y ¿Cómo le hago? se pregunta Mariel

Pasos

¿Cómo dominar el producto o servicio para argumentar y cerrar más ventas?

1. Elaborar guía rápida de cada producto utilizando presentaciones, manuales folletos o tu propia experiencia con el siguiente detalle:

    1. **Descripción** del Producto o Servicio: Se muestra brevemente un párrafo de máximo 3 líneas: a) ¿Qué es?, b) ¿Para qué es? y c) ¿Cuál es el valor diferenciado?

    2. **Mercado Objetivo**: Debe establecerse 1). A quien va dirigido de acuerdo con el perfil del cliente, 2) Las necesidades que cubre al cliente.

    3. **Características**: Son las especificaciones técnicas, físicas y condiciones que pueden incluir tamaño, formas, color, sabor, olor, limpieza, medidas, velocidades, resistencias, duración, cantidades y detalles en general.

    4. **Beneficios**: son atributos que hacen que el cliente que lo utiliza obtenga mejores resultados tanto con el producto propio como el de la competencia o algún sustituto. Es decir, el producto va a hacer que el cliente se siente satisfecho en cuestión de ahorro de tiempo y dinero, uso sencillo, seguridad, rapidez, flexibilidad.

    5. **Ventajas**: son los valores diferenciados que únicamente la empresa ofrece y que el cliente no va

a obtener con la competencia o con algún producto sustituto. Por ejemplo, que al consumir el producto incluye un programa de lealtad, recompensa, que el prestigio de la compañía le genera confianza y tranquilidad que el servicio de venta y atención es muy superior en términos de calidad y satisfacción al cliente.

6. **Requisitos**: Son indicaciones sobre las etapas o grandes pasos que se tiene que realizar para que el cliente obtenga el producto que incluye la firma de contrato, cartas, permisos, tramites, condiciones de pago, opciones de envió, entrega, adaptaciones, temperaturas, mantenimientos, reglamentos, edades, condiciones médicas etc para que pueda otorgarse el producto y el cliente pueda usarlo.

7. **Tiempos de Entrega**: A partir que se cumplen los requisitos se establecen los tiempos de entrega del producto en términos de meses, semanas, días, periodos, ciclos, métodos, canales.

8. **Garantías**: Son términos donde la empresa se obliga a devolver el dinero que el cliente pagó por el producto, o en su caso cambiar el producto por algún desperfecto, fallas o que no se haya cumplido con las condiciones del contrato.

9. **Contacto y servicio a clientes**: Es la información para contactar a los responsables de vender el producto que se encuentra en la tarjeta de presentación o en la misma presentación con los números telefónicos, página web, correo, centros de atención.

2. De tu lista de clientes identifica a aquellos que tengan el mayor número de productos contratados para elaborar un perfil que puedas encontrar en otros clientes parecidos con menos productos contratados a los cuales debes enfocarte.

3. Inicia con aquel perfil de clientes de baja vinculación con 3 necesidades y conecta con 3 productos de tu portafolio.

4. Analiza cómo interactúan los productos y sus necesidades si son dependientes, independientes, complementarios, sustitutos enfatizando en los beneficios que puedan generar por Ejemplo mayor ahorro, menor tiempo, mayor facilidad, mayor calidad, seguridad.

5. Elabora un mapa mental o de flujo con cantidades, dinero y tiempos donde puedas observar la utilización de tu producto por el cliente y en qué parte del proceso puedes ser muy dependiente ofreciendo beneficios a tu cliente. Esto le permite visualizar tu oferta integral

Consejos

Para ser un experto en la oferta integral de tu portafolio de productos hacia los clientes te sugerimos:

1. Investigar con clientes que ya usaron el producto que más les gusta y desagrada del producto.
2. Usar el producto si es posible o vive y siente el uso del producto acompañando a los clientes
3. Crear casos de éxito con testimoniales del cliente que mencione en que le ayudó el producto.
4. Solicitar un directorio de contacto con el responsable

de elaborar el producto para consultar dudas o proponer mejoras.
5. Asistir a ferias y expos donde se encuentre la competencia para conocer las ventajas y desventajas de tu producto.
6. Auto - capacitarse asistiendo a conferencias, leyendo revistas especializadas donde permitan conocer a fondo las necesidades del mercado objetivo y conectarlo con las ventajas y beneficios del producto.
7. Conocer las quejas o dudas frecuentes que hace al cliente no solo a ti, sino también los casos que suceden a tus colegas.
8. Conseguir el manual del producto o laborar el propio con base a la experiencia con clientes.

Tema 6: Ética y valores

Concepto

Un comportamiento responsable con honestidad, confianza, empatía y respeto a la empresa, a los colegas, al cliente y a la sociedad.

Situación

"Prometer y prometer hasta vender… es frase de fracasados"

Roberto era un vendedor tenaz, agresivo y determinado en obtener sus comisiones, manipulador con los clientes, pirata con sus colegas y feroz con sus competidores. Su primer año se encontraba en los primeros lugares del ranking de mejores vendedores y al segundo año llegaron los fracasos. Clientes con quejas de promesas y servicios no cumplidos, colegas manifestando inconformidad de quitarles clientes y rebeldía con la gerencia al no cumplir las políticas de la empresa poniendo en problemas al área de operaciones.

Roberto tienen todas las habilidades y conocimientos para ser un excelente vendedor y su gerente no tolera ese comportamiento no ético por lo tanto fue despedido. Roberto ingresa a otra empresa. ¿Piensas que Roberto puede cambiar su comportamiento?

Pasos

¿Como ser un ejecutivo profesional evitando tentaciones, ansiedades y distracciones?

La forma más efectiva en convertirte en algo que aspiras ser es: engañarte a ti mismo. Si deseas obtener lo que quieres debes sentir, ver, oler, escuchar y comportarte como quieres ser. Si quieres ser un ejecutivo profesional que buscan los clientes, valora la empresa y sienten orgullo sus colegas de formar un equipo contigo debes fingir que lo eres iniciando con hábitos, emociones y actitudes que se convertirán en valores y comportamiento ético en el tiempo.

1. Diferenciar lo que provoca estados emocionales positivos de los negativos, buscando realizar actividades con grupos de personas con mayor estado y mentalidad optimista, con esto logras enfocarte y evitas en mayor medida los estados emocionales no positivos:

    1. Positivos
        1. Estado físico – emocional - económico: amor, salud, dinero, justicia, pureza, equipo, libertad, líder, familia, amigos.
        2. Autodescripción: Agradecido, sensato, reflexivo, creativo, innovador, ingenioso, optimista, apreciativo, compasivo, paciente, comprensivo, flexible, adaptable, cooperativo.

2. Imitar comportamientos que provienen de las emociones positivas y define cada una de ellas de acuerdo con tus activi-

dades diarias para obtener tus propios valores. Ejemplo:

1. **Compromiso**: Estoy comprometido con mi familia, con mis clientes, con mis colegas, con mis vecinos y conmigo mismo a ser la mejor persona cada día.

2. **Disciplina**: Me levanto muy temprano para hacer ejercicio, desayunar de forma saludable, revisar mi agenda del día, desear buenos días, asistir puntual a mis citas, realizar mis actividades administrativas en tiempo, con la más alta calidad y seguimiento exacto, tomo un par de descansos para enfocarme en mis resultados y en mis metas, reporto las actividades del día, reviso los indicadores de resultados y ajusto mi plan del día siguiente, regreso a casa para convivir con mi familia y entretenerme con algo positivo. En general realizo lo que debo hacer, aunque me cueste o no quiera hacerlo.

3. **Empatía**: No reacciono, ataco o agredo a las personas que realizan criticas a mi forma de pensar, actuar o de expresar mis ideas o argumentos. Me pongo en sus zapatos para ser reflexivo, repito su crítica en otras palabras en un tono calmado, mesurado y con una expresión de curiosidad preguntar para profundizar en la percepción que llego a definir ese comportamiento sobre mi persona agradeciendo el comentario.

4. **Respeto**: Demuestro respeto en el tiempo de los clientes llegando puntual, acordando el tiempo de la presentación, definiendo los puntos a tratar, escuchando las necesidades, preocupaciones, ideas y objeciones del cliente para comprender, ayudar y proponer soluciones cuidando que no esté en riesgo sus decisiones, expresando mis argumentos en un lenguaje y comportamiento amable siendo honesto y positivo.

5. **Determinación**: Siempre logro lo que quiero, cuando quiero y con quien quiero sin dañar a los demás, cumpliendo las reglas, las leyes, las políticas convenciendo con acuerdos, apoyando consiente de las responsabili-

dades y límites de los demás, ayudando y luchando para que todos a mi alrededor logren sus metas

Consejos

Para un cambio de comportamiento se requiere cambios de hábitos y antes se debe tener una meta alcanzable y fuerte para ser ambicionada y que todas las actividades diarias se hagan con pasión.

Aprender de las personalidades respetables, que son ejemplo, a seguir son de gran ayuda y más si consigues que sean tus mentores.

Si adquieres hábitos, costumbres y valores y tienes el sentido de ayudar a los demás para ayudarte a ti mismo obtendrás más citas, excelentes presentaciones, clientes satisfechos, referencias, mas ventas, incentivos, oportunidades, relaciones que te llevaran a ser una persona llena de virtudes y serás un imán para atraer a personas positivas, abundancia en tu economía, buenos deseos y felicidad.

MÓDULO 2: PROSPECCIÓN

Tema 1: Prospectar clientes

Concepto:

Prospectar consiste en obtener clientes nuevos y localizar clientes actuales para crecer resultados.

Situación

"No logro las metas con la cartera de clientes que me dieron. Si me dan mejores clientes puedo llegar a la meta". Comenta Manuel el asesor comercial a su nuevo Gerente.

Ese es tu trabajo, incrementa las ventas con tu cartera actual y busca hasta por debajo de las piedras si es necesario para atraer a nuevos clientes. Tienes 3 semanas para mejorar resultados o te empiezo a quitar los clientes más importantes de tu cartera y los voy a asignar a otro asesor. Responde el nuevo Gerente de Manuel

Manuel tiene más de 5 años de experiencia en ventas y los clientes lo conocen bien ya que es responsable y da solución a los requerimientos. Hasta el momento ha cumplido con sus metas, pero en los últimos tres meses ha tenido una mala racha. Manuel piensa que es debido a las condiciones de la situación económica, donde los clientes no desean comprar ya que no ha recibido pedidos y cuando realiza sus visitas de venta sus clientes con nuevas ofertas, estos le comentan que por el momento están cómodos y que no requieren sus productos.

Manuel se encuentra desesperado ya que su sueldo apenas cubre los pagos de crédito de casa, auto y colegiaturas y la deuda de tarjeta de crédito están aumentando porque con ello cubre sus gastos de alimentación, vestimenta y los meses sin intereses del último viaje de vacaciones.

Después de la respuesta de su Gerente de tener 3 semanas para mejorar sus resultados, sabe que lo despedirán sino hace algo nuevo pronto.

Manuel se pregunta:
¿Si mis principales clientes no quieren más productos, que puedo hacer?
¿Sera bueno solo enfocarme a los clientes más importantes de mi cartera?
¿Dónde puedo localizar más clientes sin tanto esfuerzo?
¿Como atraigo a clientes nuevos?
¿Qué debo hacer para que los clientes me busquen en lugar de buscarlos?

Pasos

¿Dónde puedo localizar más clientes sin tanto esfuerzo y que me busquen para comprar?

Es más efectivo lograr metas con clientes actuales que con clientes nuevos, por tal razón, vamos a iniciar con la búsqueda de clientes potenciales en la cartera actual:

1. Genera la lista de tus clientes y ordena de acuerdo con el valor de compra anual

2. Agrega a la lista el volumen de compra y cantidad de productos que tiene contigo, con la competencia y considera a aquellos clientes que no tienen productos con la competencia y un solo producto contigo o bajo volumen de compra de acuerdo con su potencial.

3. Divide en 4 categorías a tus clientes:

    a. Clientes con capacidad de compra completa o alta

vinculación. Son aquellos que de acuerdo con sus necesidades ya no requieren más producto en el año y los productos complementarios u otros productos que ofreces ya los tienen contratados contigo. Son tus mejores clientes ya que los tienes altamente vinculados y sus compras son recurrentes que ayudan a cumplir el mínimo de tu cuota de ventas. Requieren de continuo seguimiento para evitar que la competencia se los lleve. Su crecimiento es mínimo pero constante por lo tanto sus compras también lo son.

b. Clientes con capacidad de compra semi - completa o de media vinculación. Clientes con potencial pero que los otros productos los completa con tu competencia. No quieren arriesgarse a concentrar las compras solo contigo o tienen una mejor oferta con la competencia. La clave para atraerlo es una excelente oferta que le produzca beneficios como ahorros en precio o condiciones favorables. A menos que tengas una campaña u oferta con estos clientes, será difícil incrementar tu participación de ventas con ellos sólo con tu atención y servicio.

c. Clientes de baja vinculación de recién atracción. Son los clientes que están poniendo a prueba la calidad de tus productos, tus precios, servicio y soporte ya sea que vengan de la competencia por un mal servicio, tienes un producto diferenciador, por zona geográfica o por recomendación. Estos clientes exigen alta demanda de tu tiempo y de acuerdo con el volumen estimado de compras son los que te ayudan a crecer más rápido en tus metas por su potencial de vinculación.

d. Clientes sectoriales. Por sus actividades rutinarias, laborales, de producción, comercialización o servicio en su comportamiento tienen necesidades muy específicas. Por ejemplo: Oficinistas (Gobierno) Directivos (Corporativos), Alimentación (Restaurantes), Educación (Escuelas), Construcción (Inmobiliarias), Turismo (Hoteles) Comercial (Tiendas). Al etiquetar a los clientes de tu cartera en este sector se personaliza la oferta, hablando en su idioma con mayor éxito al especializar tus servicios.

4. Analiza un histórico de sus compras respecto a cantidades, meses, frecuencia y valor en dinero.

5. Dependiendo del mes donde te encuentres identifica de tus clientes si es justo el mes donde más compra, cercano el mes o lejano.

6. Agrupa a los clientes de acuerdo con su potencial

    a. Alto = Clientes de recién atracción + capacidad de compra alta + frecuencia mensual + mes de compra justo

    b. Medio = Clientes de compra semicompletada + capacidad de compra media + frecuencia cuatrimestral o semestral + mes de compra cercana

    c. Bajo = Clientes de compra completada + capacidad de compra alta + frecuencia anual + mes de compra lejana

7. Establece las siguientes estrategias de esfuerzo de ventas + - (Mensajes, Llamadas, visitas, soporte, seguimiento) para cada uno.

    b. Alto= Mayor esfuerzo de venta (+Visitas + Seguimiento + Soporte + Llamadas + Mensajes).

    c. Medio= Moderado esfuerzo de venta (+ Llamadas + Visitas + Soporte - Mensajes)

    d. Bajo= Mínimo esfuerzo de venta (+ Mensajes + Se-

guimiento - Llamadas)
8. Selecciona a los clientes de alto potencial y dale prioridad en tu agenda comercial

Pasos para atracción de clientes nuevos:

1. Identifica las fuentes de clientes y revisa aquellas que te han generado clientes nuevos:
    a. Referencias que provienen de Clientes y prospectos, Colegas y ex-colegas, Competidores y aliados que ofrecen productos complementarios, Contactos escolares, Amigos y familiares.
    b. Bases de datos públicos: Directorio de empresas, Redes sociales (Linkedin, Twitter), Sección amarilla.
    c. Bases de datos internas: Prospectos que envía la Gerencia con ofertas, Prospectos que llegaron por publicidad.
    d. Cámaras y asociaciones
2. Selecciona aquellas fuentes que más clientes nuevos te han generado y define alguna acción. Ejemplo:
    a. Referencias. Realizar llamadas y enviar mensajes mencionando 1) Quien eres, 2) Que deseas hacer una red de aliados 3) Que estas interesado en conocer en que puedes ayudar al que te manda la referencia y 4) Resaltar que estarás agradecido si te hacen una recomendación con algún prospecto interesado.
    b. Bases de datos públicos. En LinkedIn 1) Crear tu perfil, 2) Escribir artículos de interés para tus cli-

entes 3) Buscar a clientes tomadores de decisión, 4) Leer su historia e intereses y 5) ponerte en contacto con un mensaje personalizado

    c. Cámaras y asociaciones. Educar a sus agremiados con historias, ejemplos y casos de éxito de lo que hiciste por alguno de sus agremiados y que puedes también beneficiar a los demás.

3.   Establece una cuota semanal de nuevos clientes que provenga de tus fuentes, solo para ti, para medir el éxito de tus acciones.

Consejos

1. Diseña alertas cuando los clientes, de acuerdo a su capacidad y frecuencia de compra, no den señales de querer recomprar contigo. Señales como no solicitar cotizaciones, cancelarte reuniones de negocios o que están requiriendo propuestas de la competencia. Revisa las alertas con un mes de anticipación a la fecha próxima de compra.

2. El potencial de los clientes puede cambiar si hay una amenaza latente de no compra, por ejemplo, si un cliente está clasificado como Bajo potencial y esta en fecha de compra, pero no ha solicitado cotización significa que está a punto de irse con la competencia, se clasifica en alto potencial. Así mismo con los de medio potencial se van a Alto si hay una campaña u oferta atractiva.

3. Invierte tiempo con las referencias en el sentido de enseñarles más de lo que haces y como lo haces para que a su vez ellos puedan replicarlo. Las referencias son tu nueva fuerza de ventas particular.

4. Comparte que los clientes están satisfechos y demues-

tra tu agradecimiento para que continuar con la prospección.

Tema 2: Proceso de compras

Concepto:

Es la metodología que el cliente utiliza para la adquisición de un producto o servicio que en términos generales se compone por 1) Identificación de la necesidad 2) Búsqueda de proveedores 3) Envío de requerimientos, 4) Recepción de propuestas, 5) Evaluación de alternativas y 6) Toma de decisión de compra

Situación

"Siento que la competencia va un paso delante de mí con el cliente". Invertimos tiempo excesivo en realizar propuestas y cotizaciones con clientes que solo buscan información, pero ya seleccionaron al ganador.

¿Qué debo hacer para anticiparme a la competencia y ser el primero en cubrir las necesidades de los clientes? se pregunta Ricardo

Los clientes desean obtener la solución o satisfactor consiguiendo la mejor calidad, con la mayor transparencia, con el menor precio y tiempo posible. Al cubrir estos requerimientos y tener opciones para tomar decisiones buscan el mejor costo-beneficio y ponen a competir a los proveedores para seleccionar la mejor opción.

Pasos

¿Qué debo hacer para anticiparme a la competencia y ser el primero en cubrir las necesidades de los clientes?

Para obtener una ventaja competitiva cuando los productos o servicios son similares entre varios competidores sigue estos pasos:

1. Investiga con mayor profundidad si la necesidad es real, para controlar la inversión de tiempo, o solo el cliente quiere recopilar información del mercado mediante:
    1. Llamadas con preguntas de sondeo agradeciendo la información para realizar una propuesta personalizada que cubra sus necesidades. Ejemplo:
        1. ¿Cuáles son los tres principales criterios para seleccionar una propuesta? Y solicitar nos ayude a priorizar en porcentaje hasta llegar a un 100% su orden de importancia para tomar su decisión.
        2. ¿En qué fecha considera tomar una decisión de compra?
        3. ¿Si en la cotización hay un precio máximo o presupuesto asignado que estaría dispuesto a pagar el cliente y cuál sería?
    2. Oportunidad o riesgo de la necesidad. Indagar si es urgente tomar una decisión por alguna promoción, descuento, beneficio o para evitar una pérdida, sanción o cubrir un riesgo para mantener seguridad.
    3. Confrontación directa. Una reunión informal para resolver dudas del requerimiento si ya se tiene una relación de compra anterior y suficiente confianza.
2. En la etapa de identificación de necesidad anticípate, se proactivo en tener contacto constante y ser oportuno en estar pendiente de cualquier noticia o cambios en el sector o mercado que afecte a la operación o labores del cliente para hacerle ver los efectos que generan necesidades y que estás ahí para ayudar con asesoría en la tomar decisiones de compra.

3. En búsqueda de proveedores y evaluación de alternativas cuando el cliente te mencioné que está buscando la mejor opción de compra, ayuda a conocer los principales proveedores con los cuales compites resaltando las ventajas sin atacar o dañar a la competencia, sino enfocando tus argumentos en sus principales criterios de decisión, siendo honesto en lo que no puedes ofrecer.

4. Ofrece garantías de incumplimiento en tu oferta cuando tome decisiones. Esto le da seguridad y confianza.

Consejo

Si los clientes son empresas, dependiendo del sector y actividad a qué se dedique, realiza el mayor número de contacto durante septiembre y octubre debido a que están elaborando los presupuestos para el siguiente año y seguro desearas estar en su lista. Adicionalmente las empresas buscan evitar recortes presupuestales y requieren ejercer el gasto en el presente año y quién más que tú empresa para ayudar a ejercer ese gasto.

También los inicios de cada temporada respecto a estaciones del año y en momentos de compras de pánico, es decir, en desastres naturales, aumentos en precios de gasolina, alimentos y en temporada de incertidumbre electoral de funcionarios de gobierno.

Tema 3: Calificar al cliente

Concepto

Es tener la certeza de que el cliente cumple con los requisitos para adquirir tus productos o servicios y que tú eres su mejor opción.

Situación

"Hago mucha actividad comercial y tengo poca efectividad con clientes"

Soy Oscar un representante comercial que ha iniciado su carrera en ventas hace algunos meses, dedico más horas que otros colegas, llego más temprano, soy el que se va mas tarde y también el que tiene menos citas de negocios a la semana y las que llegó a tener son canceladas de última hora. Adicionalmente algunos clientes con los que tengo reuniones de negocio no requieren por el momento mis productos. ¿Estoy haciendo algo mal?

Hacer muchas actividades o dedicar demasiado tiempo necesariamente no refleja el logro de resultados. La experiencia de fracasos con clientes, las mejores prácticas de colegas y los consejos de tus mentores te hacen más efectivo, trabajar poco y ganar mucho. Con las acciones que mostramos a continuación puedes conocer si el cliente es el perfil o califica para adquirir tu producto o servicio:

Pasos

¿Cómo lograr tener mayor éxito en ventas por cada visita a clientes?

1. Elabora una lista de revisión de requisitos y condiciones que debe cumplir el cliente de aquellos clientes que tienen baja vinculación, potencial crecimiento o que no tengan tus productos. Ejemplo:
    1. Condiciones de pago
        1. Si el cliente cubre el monto de mínimo de compra

2. Si el cliente tiene el presupuesto para cubrir soportes y mantenimientos
3. Si el cliente está dispuesto a aceptar el plazo de pago
4. Si el cliente es confiable de acuerdo con su comportamiento crediticio

2. Condiciones de entrega

1. Si el cliente tiene capacidad para transportar, recibir y almacenar los productos.
2. Si el cliente cubre los requerimientos tecnológicos para operar los productos

3. Condiciones sociodemográficas

1. Si el cliente por su ubicación física pertenece al mercado donde llega la cobertura de atención
2. Si el cliente puede utilizar los productos por su edad, antigüedad, tamaño o actividad

4. Condiciones legales y reglas de la empresa

1. Si el cliente tiene algún impedimento legal, laboral, fiscal para contratar
2. Si el cliente cumple con las políticas de cumplimiento de la empresa

2. Calcula los tiempos de adquisición del producto en dos vías:

1. Cliente. Si urge el producto en un plazo en el cual no puedas cumplir
2. Empresa. Si requieres vender el producto en un plazo en el cual el cliente no requiere comprar.

3. Identificar los roles que desempeñan las personas que influyen alrededor de la persona que toma la decisión final y

definir acciones con cada uno:

1. Usuario final: Son aquellos que tienen la necesidad real y utilizaran los productos. Acciones de comunicación vía mensajes ayuda a que empujen la toma de decisión

2. Especialista que recopila el requerimiento. Son los responsables de compras quienes revisan si hay presupuesto, buscan proveedores, elaboran requerimiento, negocian condiciones y elaboran tramite de compra. Llamadas de seguimiento para que los trámites avancen y no se detengan por una falta de comunicación.

3. Responsable de evaluar alternativas. Es quien realiza el análisis costo beneficio y quien más influye en el tomar de decisión recomendando la compra. Visitas continuas para resolver dudas y manejar objeciones.

4. Tomador de decisión. Quien tiene el poder para firmar contrato. Otorgar mayor soporte y agradecimiento para incrementar el cierre.

4.   Conectar los atributos del producto con las necesidades del cliente respondiendo a las siguientes preguntas:

1. Mercado Objetivo: ¿El cliente cubre con las condiciones?
2. Características: ¿El cliente tiene margen o condiciones de negociación?
3. Ventajas: ¿La empresa que vende el producto es la mejor opción al diferenciarse de los competidores?
4. Beneficios: ¿Al cliente le conviene los productos por Ahorro, rendimientos, control, rapidez, segur-

idad, facilidad, adaptabilidad y calidad?

5. Seleccionar 10 variables de condiciones y requisitos de tus productos y asignarle una calificación a cada uno del 1 al 10. En total deben alcanzar una calificación máxima de 100 puntos.

6. Determina una calificación aprobatoria para aquellos clientes que debes dar prioridad y mayor esfuerzo de ventas. Agrupa los clientes por calificación de 0 a 50, de 51 a 75 y de 76 a 100 puntos y acelera tus llamadas con estos últimos para citas de negocios.

Consejo

Para trabajar poco y ganar mucho, debes sacrificar tiempo extra para hacer estos análisis y calificaciones. Puede ser todos los días durante 30 minutos antes de tu horario de entrada.

Tema 4: Perfil de comportamiento de los clientes

Concepto

Identificar las conductas, estímulos y reacciones de diferentes tipos clientes para personalizar tu propuesta, argumentos y lograr mayor empatía para generar confianza.

Situación

"No vengas conmigo con tu monólogo de ventas"

"No me hagas perder mi tiempo"
"Me encanto tu propuesta déjame ver unos detalles y después te contacto"
"Ahorita No, Gracias"
"Lo consulto y les aviso"

Son frases que recibe Verónica de la mayoría de sus clientes.

Verónica considera que tiene una mejor relación con cierto tipo de clientes, tiene mayor empatía y buenos negocios, pero tiene otros clientes que por su personalidad y comportamiento no logra comunicarse de forma efectiva y se dificulta realizar presentaciones y cierres de venta. Con algunos percibe humillación, indiferencia, soberbia y algunas veces acoso. ¿Como puede comprender a los clientes de una forma rápida y práctica?

El perfil de los clientes esta tan diverso que influyen una combinación de variables como el género, la personalidad, el estado emocional del momento en que se encuentre, la edad, el área a que pertenece, la jerarquía puesto, el nivel económico, el nivel de estudios, el tipo de estudios, influencia de quienes recomiendan la compra o quienes pagaran el producto, pero lo utilizara otra persona, gustos, aficiones y pasiones tanto públicos como privados.

Una forma práctica para comprender a los clientes sobre como aprenden de nuestros productos, sus criterios de toma de decisiones, sus reacciones a estímulos emocionales es perfilarlos de acuerdo con su Género, Percepción, Temperamento y Generación.

¿Cómo lograr adaptar la presentación de ventas a diferentes tipos de clientes?

Pasos

1. Elabora un perfil del cliente, en específico de la

persona que toma la decisión de compra considerando los siguientes criterios:

1. Género
    1. Hombre: Concreto, breve y directo al punto sin rodeos, enfocado al fondo, a los procesos y cantidades. Prestigio, exclusividad y ego.
    2. Mujer: Amplitud de información, orientada a los detalles y a la diversidad de opciones, enfocada a las formas, a las emociones y creatividad. Caridad, Inclusión y protección.
2. Percepción
    1. Visual: Mayor atención a Videos, imágenes, vestimenta, graficas, colores, distintivos, opciones, tamaños. Conectando con palabras como imagina, si lo puedes ver, observa los detalles, visualiza los beneficios, admira el lujo, la sencillez, las formas, las líneas.
    2. Auditivo: Cautivado por historias, anécdotas, ejemplos, noticias, estadísticas. Las palabras que más conectan son escucha, te suena los beneficios, es música para los oídos, oye que la característica principal es como si fuera sonido potente, envolvente y a su vez discreto.
    3. Kinestésico: Interesado en probar los productos, tener en las manos los folletos, presentaciones, jugar con simuladores o calculadoras digitales para reconocer los beneficios, experimentar el uso y sentir,

oler o degustar elementos que asocien al producto o servicio. Palabras que conectan son explorar, descubrir, sentir, probar, realizar, conducir, dirigir, ejecutar, texturas, modelos, sabores.

3. Temperamento

   1. Sanguíneo: Energía positiva, diversión, entretenimiento y vivir la vida al máximo son sus principales características. El alma de las fiestas para llamar la atención e integrar a su juego a otras personas y contagia su entusiasmo. Le encanta hablar de si mismo, contar chistes, ser entrevistado y contar sus anécdotas. Conectas con este temperamento al participar en sus eventos, en sus fiestas y en una cita de negocios le interesa conocer si tienes programas de clientes distinguidos o leales y le gusta dirigir cada paso de la venta. Con frases cortas, preguntas dirigidas y halagos sinceros logras mayor empatía ya que el deberá descubrir por si mismo los beneficios.

   2. Melancólico: Reacciona a estímulos que contribuyan a mejorar y ayudar a otras personas con problemas de pobreza, enfermedad, sufrimiento e injusticia. Conectas conociendo sus situaciones difíciles, siendo comprensivo y compasivo con hechos que le hayan sucedido en el pasado y dando ejemplos de situaciones propias o de otras personas, haciéndolo sentir que los une una misma situación y siendo idealista para cubrir esa falta de justicia en la vida. Le motiva

ayudar a otros siendo un héroe que salva a la humanidad.

3. Colérico: El orden, poder, disciplina y claridad en cumplir sus objetivos a como dé lugar lo conduce a comportarse de forma dura, ruda y con deseos de ser atendido como rey, como el gran jefe autoritario. Va directamente a las preguntas cuánto cuesta y cuando lo entregan, no se anda con rodeos para entrar a negociar de forma inmediata y sentir que ha ganado los mejores beneficios en su compra. Para conectar con este temperamento utiliza preguntas o argumentos con respuesta cerrada a un Si o a un No utilizando opciones de escenarios que te permitan deducir lo que está necesitando y lo que está dispuesto a aceptar en la negociación, conecta comportándote de forma seria, formal y guardando silencios sin interrumpir y tomando notas cuando exprese sus requerimientos haciendo breves resúmenes y enumerando los procesos y pasos para que el cliente obtenga lo que quiere y cerrar la venta. Este temperamento debe sentir que realmente comprendiste lo que te ordeno, sin necesidad de ofenderte, rebajarte o evitando comportarte de la misma forma porque querrá elevar más la voz o ser más duro para ganarte. Debes ser humilde pero firme.

4. Flemático: Ser reservado, pensativo, no expresivo hacen que su reacción a estímulos sea bajo presión, miedo a perdidas, escasez y riesgos que lo obliguen a tomar deci-

siones. Se siente incómodo cuando es cuestionado, no entra en debates o discusiones prefiriendo dejar las cosas pasar y seguir trabajando. La información sobre riesgos y evaluación de costo beneficios mantiene su interés en tu propuesta. Guardar la calma y cuidar su estabilidad para que las situaciones sigan igual y sin cambios le dan tranquilidad. Le encanta respetar y ser respetado, exigente en los detalles y no le gusta ser presionado para tomar decisiones porque requiere meditar y pensar las consecuencias de sus actos o que otras personas de mayor nivel conozcan y autoricen las decisiones de compra. Una carta con la propuesta, costos, beneficios y tiempos de implantación será tu mejor herramienta.

4. Generación
   1. Baby boomers (Nacimiento en 1946-1964): Toman decisiones bajo un estilo conservador, autoritario y determinación con análisis extenso en procesos críticos, con impacto directo en resultados de largo plazo buscando soluciones estandarizadas respetando los protocolos de atención, tolerancia y cumplimiento que les garantice estabilidad y estado de confort
   2. Generación X- Visionarios (Nacimiento de 1961 – 1981): Son agentes de cambio e innovación tomando decisiones que van a transformar productos, procesos y hábitos de consumo con el uso de tecnología. Son abiertos a discutir las ideas y estratégicos

en plantear escenarios con resultados de mediano plazo y adaptables al cambio.

3. Generación Y Millennials - Sustentables (Nacimiento de 1982 a 1994): Sus decisiones son prácticas con base a prueba y error, los métodos para innovar son en equipo y en Co-creación, tomando decisiones por comité. Cuentan con espíritu emprendedor y socialmente responsable con el ambiente y con la sociedad rompiendo paradigmas para innovar y apasionados por hacer lo que mas les gusta con equilibrio en lo laboral y personal respetando a los demás sin importar su origen, raza o su vestimenta formal o informal ya que valoran más el conocimiento y la integridad de las personas.

4. Prácticos – Digitales (Nacimiento de 1994 a la actualidad). La velocidad en tomar decisiones de compra y sus preferencias se concentra en ofertas digitales, con simuladores y comparativas para un autoservicio. Por su edad requieren de mayor asesoría para comprender situaciones que por su poca experiencia no les es posible asimilar y que les provocara mayor exigencia, rebeldía y falta de adaptabilidad.

2. Utiliza siglas para poder identificar al perfil del tomador de decisión que te ayudara de una forma rápida y practica perfilar y adaptar tu comunicación para conectar y empatizar. Ejemplo: Sandra es Mujer, Auditiva, Melancólica, y Millennial. Sus siglas serian MAMM. Luis es HVCX que sus siglas significan Hombre, Visual, Col-

érico y de la Generación X

3. Adapta tu propio perfil al perfil del cliente de acuerdo con lo siguiente:

   1. Comportamiento por Genero:

      1. Si tu cliente es Hombre y tú eres Hombre compórtate similar.

      2. Si tu cliente es Mujer y tú eres Mujer compórtate similar

      3. Si tu cliente es Mujer y tú eres Hombre utiliza un pensamiento femenino y adapta

      4. Si tu cliente es Hombre y tu eres Mujer utiliza un pensamiento masculino y adapta

   2. Comportamiento por Percepción: Adapta tu comunicación para ser similar a sus sentidos Visual-Visual, Auditivo- Auditivo, Kinestésico- Kinestésico.

   3. Comportamiento por Temperamento:

      1. Si tu cliente es Melancólico compórtate Melancólico para compartir el mismo dolor, siendo el psicólogo que escucha sin juzgar y cerrando como Sanguíneo para contagiar entusiasmo.

      2. Si tu cliente es Sanguíneo compórtate Sanguíneo siendo entusiasta, propositivo y positivo con su comportamiento y después presionando el cierre como Colérico porque si no nunca aterriza para firmar contrato.

      3. Si tu cliente es Colérico compórtate Flemático siendo claro en los pasos a seguir

y en los procesos evitando reaccionar a su agresividad.

4. Si tu cliente es Flemático compórtate Flemático siendo analítico, numérico y lógico.

4. Comportamiento por Generación

   1. Si tu cliente es generación baby boomer, adapta tus argumentos y presentaciones como baby boomer demostrando seguridad y tranquilidad.

   2. Si tu cliente es generación X, adapta tu comportamiento y propuesta hacia lo flexible y adaptable con variedad de opciones.

   3. Si tu cliente es generación Millennial, destaca el valor agregado de tu empresa hacia lo sustentable y hacia lo socialmente responsable.

   4. Si tu cliente es generación Digital, comparte herramientas digitales y enseña y asesora sobre el uso para un futuro autoservicio.

Consejo

Los comportamientos de los clientes siguen patrones y en algunas situaciones pueden comportarse de forma diferente, dentro de la oficina guardan cierta postura y en ambientes informales otro tipo de comportamiento. Adapta tu estilo de acuerdo con los cambios del cliente, es decir, utiliza un estilo situacional.

Tema: 5 Contactar a clientes

Concepto

Es la comunicación efectiva con clientes por medio de correo electrónico, llamadas telefónicas, mensajes móviles y redes sociales para tener una cita de negocios.

Situación

"Cuando llamo a los clientes para una cita, me dicen que no se encuentra, están ocupados o que ellos me buscan si necesitan algo"

La gerencia me recomienda que para llegar a mis metas tengo que tener 3 a 4 citas de negocio al día y que si no las consigo que vaya directamente al domicilio u oficina del cliente. Pero, si por teléfono no quieren atenderme, menos en persona. La única opción que me queda será llamar muchas veces hasta que me den una cita.

¿Qué más puedo hacer?

La era de la comunicación digital facilita contactar a los clientes y a su vez dificulta diferenciarte de las decenas de comunicaciones que recibe el cliente en el día. Agendas apretadas, falta de prioridades, competidores contactando a los clientes, son algunas barreras a los que debes enfrentar. La clave para contactar a los clientes es crear confianza y generar información de valor para que el cliente tome decisiones y generes la percepción de ser su asesor comercial de preferencia, con experiencia y capacidad para ser su socio de negocios. Para ganarte esta preferencia utiliza las herramientas de comunicación con los siguientes pasos:

Pasos

¿Qué puedo hacer para tener un mayor porcentaje de contacto con los clientes y tener más citas?

Supongamos que al 100% de tus clientes has realizado llamadas telefónicas para tener citas de negocio. El 50% acepto una reunión y otro 50% no son localizables por datos erróneos o nunca encuentras al tomador de decisión o no te quieren comunicar con él. Para lograr un mayor % de contacto con estos clientes realiza lo siguiente:

1. Correo electrónico: Una carta de presentación para demostrar lo que estarás dispuesto a hacer por el cliente, enfatizando:

    1. Disponibilidad. Estarás pendiente de atender sus solicitudes y para ello le das todos tus datos de contacto.

    2. Experiencia. Ofrecer oportunidades y evaluar riesgos para ayudarlo a tomar decisiones, explicando tus años como profesional y éxitos en la atención a clientes.

    3. Compromiso. Buscar soluciones para incrementar la satisfacción de tus servicios garantizando escalabilidad para acelerar la atención al cliente.

2. Folleto o publicidad impresa. Enseña la propuesta de servicios con los beneficios que recibe al cliente al solucionar sus problemas. Con esto logras conectar con el cliente entendiendo su situación.

3. Llamada de programación de cita. Confirmando si ha recibido la carta y folleto, comentando que tienes información importante para ayudar tomar decisiones

sobre encontrar oportunidades y reducir riesgos y por último tu proceso de atención respecto al día y horario cuando será la reunión de negocios.

4. Mensaje móvil de confirmación de reunión mencionando que has logrado obtener un beneficio especial que vas a comentarle en la reunión. Este beneficio puede ser un descuento, promoción o posibilidad de unión al club de clientes distinguidos.

5. Mensaje vía red social con artículo o vídeo de interés para garantizar al cliente que tú servicio es altamente valioso. Linkedin si tiene un perfil.

Consejo

Cuando por llamada la asistente se rehúsa a contactarte con el cliente, reitera los beneficios y la importancia de entrar en contacto para evitar un riesgo de no aprovechar la oportunidad y que mejor que el propio asistente recomiende que se programe la cita.

Automatiza cartas, formatos, mensajes para diferentes momentos importantes con el cliente, por ejemplo, fechas de cumpleaños, aniversario de la empresa, aniversario de inicio de prestación de servicios contigo o con la empresa, fechas festivas, mensajes de felicitación por algún logro laboral o de la empresa del cliente. El objetivo es hacerle ver que siempre lo tienes presente y que él te recuerde de forma constante además de reducir tiempos al automatizar, pero siempre con el detalle de personalizar con líneas de texto sobre el nombre o datos del cliente.

MÓDULO 3: PRESENTACIÓN

Tema 1: Preparación y Convicción

Concepto

Obtener información del cliente, mercado y productos para comprender sus necesidades, explicar tus soluciones, resolver dudas y manejar objeciones logrando ofrecer una propuesta única y personalizada para que tome la decisión de hacer negocios contigo con la firma del contrato.

Situación

"Vamos al aventón, al ahí se va… arreglando"
"Como veo doy"
"Improvisar es mi fuerte"

Eran frases que utilizaba Rafa, un vendedor audaz, cuando enseñaba a los representantes comerciales de nuevo ingreso durante el camino hacia la oficina del cliente. Aunque su técnica de improvisar con los clientes te hacía dudar de su talento, era el típico ejecutivo al que podías decir "sabe de lo que habla".

La clave de éxito de Rafa, no era su improvisación, era su constante preparación al estudiar e investigar acerca de la situación presente, pasada y futura del cliente. Noticias, página web, redes sociales, hechos económicos, políticos, culturales, tecnológicos, presentaciones y manuales de productos, necesidades de clientes similares, presupuestos, proyectos, principales competidores, distribuidores, perfil de usuarios hasta conexiones familiares o de negocios del cliente.

Rafa con más de 15 años de experiencia en ventas, comprendió que la preparación, además de permitir tener conversaciones que interesan y cautivan al cliente, es una de las claves de éxito para lograr seguridad, empatía y confianza del cliente.

Con esta información, el propio Rafa se convencía así mismo de que las soluciones de sus productos o servicios realmente le ayudaban al cliente.

Pasos

¿Cómo prepararse antes de visitar a un cliente?

1. Elabora o actualiza el **Reporte de Relación del Cliente** en 2 o 3 páginas que contenga como mínimo información de:

    1. **Datos generales del cliente**: Nombre, dirección, teléfono, correo electrónico, twitter, whatsapp, facebook, linkedin, estado civil, familia, ventas o ingresos, presupuesto de compra, tamaño, organización, sector, actividad, profesión, edad, antigüedad en la actividad, fechas de cumpleaños, aniversarios, de inicio de relación, de entrega de productos.

    2. **Relación de negocios**: Productos actuales propios y de la competencia, volumen, crecimiento, frecuencia y potencial de compra, situación financiera, evaluaciones de satisfacción, quejas y suger-

encias, necesidades de corto, mediano y largo plazo.

3. **Perfil de comportamiento de los tomadores de decisión**: Género, temperamento, percepción, generación, estilo, gustos, aficiones, hábitos, miedos, inseguridades, motivaciones.

4. **Factores de impacto**: Noticias y hechos económicos, políticos, culturales, tecnológicos que impactan en las Fortalezas, debilidades, oportunidades, amenazas del cliente.

5. **Plan de acción comercial:** Control de avance del cliente (pipeline: Calificar, Llamar, Citar, Contratar, Entregar, Cobrar, Satisfacer, Vincular, Referenciar), volumen de incrementos con campaña u oferta, barreras de decremento con beneficios (eventos, capacitaciones y promocionales para el cliente).

6. **Bitácora de Seguimiento:** Plan de visitas con fechas y horarios de preferencia, compromisos con presupuesto, cotizaciones, órdenes de compra y acuerdos de condiciones de entrega y pago.

2. **Cuestionario de detección de necesidades.** Cuando un cliente llega a ti con la necesidad específica, mencionando que le urge tu solución, preguntando ¿cuánto cuesta? y ¿cuándo lo entregas?, significa que el esfuerzo de ventas es menor. Cuando tienes que buscar clientes para ofrecer tus soluciones, el esfuerzo de ventas es mayor y para ello debes tener tu cuestionario. Las preguntas dependen del producto o servicio que la empresa ofrezca, se sugiere seguir el método méd-

ico (Síntomas, Pruebas, Diagnóstico y Receta) iniciando con una justificación para obtener información, por ejemplo:

"Estimado cliente, antes de ofrecer soluciones, queremos conocerlo para ofrecerle lo que usted necesita, si me permite realizar algunas preguntas nos ayudará a personalizar nuestra oferta y ahorrarnos tiempo que estoy seguro es muy valioso para usted, ¿verdad?".

Antes de la pregunta iniciar con un comentario o frase para que sea una conversación y no un interrogatorio. Si el cliente es una empresa las preguntas serían, por ejemplo:

1. **Síntomas**
    1. Su negocio tiene un excelente prestigio de acuerdo con noticias de su página de internet, platíqueme la historia de su empresa ¿Cómo empezaron con el negocio?
    2. Los grandes negocios como el suyo han superado grandes retos ¿Cuáles fueron los principales retos en los últimos meses, años en el área de ventas, personal, finanzas, sistemas etc?
    3. Actualmente la situación económica puede ofrecer oportunidades o riesgos para su crecimiento, ¿Como les afecta o beneficia la situación actual?
    4. Permanecer fuerte en el mercado, con la preferencia de los clientes y ventajas sobre sus competidores, hay que innovar para crecer, ¿Cuáles son los proyectos para continuar con su crecimiento y que requiere para lograrlo?
    5. En caso de no tener los recursos, presupue-

sto, sistema, tecnología, personas, locales, canales etc ¿Qué consecuencias e impacto tendría para su negocio?

2. **Pruebas**
   1. Suponiendo que, si asignamos un número y cuantificamos el beneficio / riesgo, un porcentaje máximo / mínimo / intermedio es____% ¿Esto porque sería bueno o malo para el negocio?
   2. Si sigue la tendencia, el escenario del negocio sería ganar /perder: $_____ ¿Este dato implica invertir/ ahorrar / perder?
   3. La meta de crecimiento en este mes, trimestre, semestre, año es de %___ ¿Esta cercano o lejano para cumplirlo?

3. **Diagnóstico**
   1. Las 3 oportunidades / problemas que podemos identificar son: 1..2...3... esto debido a su situación que me platico de....

4. **Receta**
   1. Entonces para continuar creciendo, evitar riesgos y cumplir sus compromisos y proyectos requiere 1....2.... 3.....
   2. Comprendo ahora sus necesidades, para ayudarlo nuestras soluciones son...

3. **Folleto con propuesta integral de los productos o servicios.**
   1. Mostrar descripción de la empresa remarcando su misión de ayudar al cliente

2. Enlistar las principales necesidades de los clientes para que el prospecto identifique y conecte con su situación actual. Utilizar los colores de un semáforo verde, amarillo y rojo permite mayor impacto visual.

3. Con un diseño gráfico en forma cuadrado, círculo y flechas muestra las soluciones a cada uno de los problemas y los beneficios que obtiene el cliente.

4. Describir las ventajas de la propuesta de valor que le de seguridad y confianza al cliente como personas que darán servicio, horarios de atención, teléfonos de soporte, promesa de garantía, certificados de calidad, premios, testimoniales.

5. Si la empresa tiene un club de clientes especiales, agregar al folleto una membresía de inscripción para formar parte del selecto grupo de clientes.

4. **Presentación de Venta** con la descripción del producto, beneficios, características, ventajas y requerimientos personalizada de acuerdo a las necesidades del cliente, tiempos de entrega, preguntas frecuentes del cliente, directorio de contactos de atención, soporte y cotización.

5. **Apoyos de venta** como cotizadores, simuladores, demostraciones, muestras gratis, cupones, testimoniales, en videos, imágenes y juegos.

6. **Argumentos de venta para el manejo de objeciones** para aclarar dudas, estadísticas, comparativo de ventajas sobre la competencia, tabla de precios por volumen de compra, condiciones de pruebas gratis.

7. **Contrato y solicitud de pedido** u orden de compra debe incluir una explicación de las 3 principales cláusulas si

lo solicita el cliente.

8. **Tarjeta de Presentación** que incluya una descripción breve o frase que lo distinga de sus competidores, así como contacto por redes sociales.

9. **Detalle Promocional** como pluma, libreta, calendario.

Consejo

Antes de estar con el cliente durante el transporte o en oficina concentrarse por 3 minutos y en su mente proyectar el encuentro de éxito, cómo sería, qué diría usted que mencionaba el cliente, como firmara el contrato etc. Esto permite quitar nervios y simular situaciones y posibles respuestas para que en el encuentro real demuestre total seguridad.

Tema 2: Imagen y Protocolo

Concepto

Proyectar confianza, seguridad y agrado en cliente por medio del cuidado de la imagen personal y la aplicación de una secuencia de acciones de atención que demuestren un comportamiento positivo, de respeto y servicial dejando una marca personal que nunca se olvide.

Situación

"Déjame tu presentación de ventas para analizarla a detalle, por lo pronto te invito hoy a cenar. Atentamente, Un cliente fácil"

Lola se rehusaba a utilizar el uniforme de la empresa, la palabra formal la hacía sentir incómoda, aburrida y pasada de moda. Su vestimenta elegante y accesorios de última moda pareciera que, a un perfil de cliente abusivo, le llamaba la atención más que los argumentos de venta de los productos.

La facilidad para mantener conversaciones fluidas y elocuentes se convertían en su principal arma para convencer a clientes. Con el tiempo, recibía tarjetas de clientes con números personales y mensajes como "Gracias por tu atención a ver si comemos para definir detalles del contrato"

Con invitaciones a comer, cenar y salir a divertirse por parte de los clientes parecía que serían condiciones para firmar contratos.

El único día que Lola utilizaba el uniforme de la empresa era en el cierre de resultados del mes donde convocaban a todos los ejecutivos a una junta con el director de mercado. Se revisaron los resultados de cada asesor comercial y Lola estaba en los últimos lugares. El director le preguntó: ¿Porque no vendes? y Lola mencionó que, si vendía, pero qué pasaba mucho tiempo con los clientes porque no querían firmar el contrato, que siempre tenía citas pero que los clientes tenían que pensar a fondo su decisión y le posponían la firma.

¿Cuál sería el principal problema de Lola para vender?

Existen clientes que al ver una asesora comercial con excelente presentación y personalidad atractiva piensan que pueden obtener un beneficio personal utilizando su poder de compra, postergando sus decisiones e intentando negociar condiciones sin sentido.

Sonreír e insistir en la firma del contrato no era suficiente para Lola y la solución para acelerar sus ventas no bastaba con la portación de un uniforme. Aunque Lola cuidaba su imagen personal con mucho detalle, faltaba complementar su imagen con un comportamiento profesional que demostrara inteligencia, respeto, firmeza y compromiso alineada con las políticas de la empresa para atención al cliente como los valores, servicio y protocolos, que, al recordar el nombre de la empresa, fuera congruente con la marca personal que representaba Lola.

¿Cómo lograr una marca personal?

Pasos

1. Mantén un aseo personal con una limpieza impecable consintiendo tu aspecto físico diario o fines de semana. Algunos ejemplos de cuidado básico para un estilo clásico y sencillo (depende de las preferencias y personalidades, de la ciudad, clima, del sector, edad y tipo de clientes a los que otorga atención) pueden ser en un ejemplo:

    1. En hombres un peinado alineado de acuerdo con el corte de cabello, sin bigote y sin barba o en su caso, rasurada finamente. Limpieza en ojos, nariz y boca manteniendo un aliento fresco. Humectación y limpieza en manos y sin tener uñas largas. Antitranspirante y perfume sin exceder más de dos aplicaciones. En vestimenta que esté de acuerdo con el código de vestir de la empresa y si no lo tiene, utilizar traje con corbata o saco y pantalón casual de negocios con un tamaño regular o semi ajustado y sin arrugas, sin manchas, sin desgaste en tela o botones, de preferencia que incluya pañuelo. Color de calcetín combinado con el color del pantalón. Los accesorios conservadores en cuanto a pulseras, anillos y relojes no ostentosos, portafolio, maletín, libreta, carpeta y bolígrafo de color negro o plata. Cinturón, Celular y Tablet sin roturas, raspaduras y manchas. Calzado estilo ejecutivo, boleado y sin desgaste excesivo.

2. En mujeres si tiene cabello largo debe estar sujetado (con tamaño por debajo de los hombros) o con peinado ejecutivo (con el tamaño por encima de los hombros). Si utiliza tintes para coloración de cabello que mantenga coloración a la raíz y de acuerdo con el tono de piel. Maquillaje completamente aplicado en ambos lados del rostro con tonos discretos y que logren combinación en cejas, ojos, mejillas y labios. Con un tamaño de uñas cortas sin pintar o si lo desea barnizadas al estilo francés. Vestimenta de traje con saco y falda o si lo prefiere blusa y suéter con pantalón de vestir en tonalidades grises, azul marino o negro con corte regular o semi ajustado. Mascada, aretes, pendientes, collares, pulseras, relojes y anillos pequeños, discretos y que no estén desgastados de preferencia que combinen entre ellos. Bolso y accesorios en excelente estado. Calzado cerrado con tacón de no más de 10 centímetros y boleado. Perfume con aplicación en cuello y muñecas de las manos.

2. Publica artículos de interés para tus clientes acerca de noticias relevantes sobre hechos económicos, avances en tecnología, riquezas culturales o ambientales, así como actividades de voluntariado donde participes en blog personal o redes sociales como Linkedin y Twitter que permita a los prospectos y clientes tener una opinión pública positiva e interesante sobre tu persona que prevalezca una congruencia entre lo que piensas, escribes, haces y representas.

3. Demuestra los encantos de tu personalidad que contagie de entusiasmo, optimismo y valentía al cliente generando una opinión positiva, de respeto y com-

promiso que asegure credibilidad en lo que ofreces. Para lograrlo lleva a cabo los siguientes acciones y comportamientos que serán tus protocolos de atención a clientes:

1. Revisar la ubicación de la oficina del cliente 20 minutos antes de la cita te permite ver alrededor de la zona donde se encuentra el cliente posibles riesgos y oportunidades para el cliente y también identificación de prospectos potenciales.

2. Registrarse en el área de recepción o seguridad de la oficina de tu cliente 10 Minutos antes de la cita. Si es posible pregunta a quien te recibe si ha llegado alguien de tu competencia.

3. Solicita permiso para pasar al tocador 5 minutos antes del a cita para refrescarte, respirar y relajarte y con ello logras controlar la sudoración, nervios y ansiedad, verifica tu imagen persona y si llevas traje o saco casual, debe estar abrochado.

4. Antes de entrar con el cliente que toma la decisión, platica con la asistente o secretaria y demuestra un sincero interés sobre la importancia del trabajo de la asistente y su calidad de vida respecto al mismo, te permite hacer breves preguntas o comentarios que te dan más información sobre los comportamientos, agenda, contactos del cliente. Llévale un obsequio como dulce, chocolate o promocional.

5. Dentro de la oficina del cliente, sonríe, saluda firmemente, realiza un halago sobre su empresa y observa de inmediato cada detalle de su oficina

y comenta sobre algo de su interés, por ejemplo, acerca de una pintura, escultura, libro, recuerdo, bandera deportiva, diplomas, trofeos para hacer un comentario o preguntar que te ayudará a conectar y lograr empatía.

6. Si te ofrecen algo de beber, pregunta al cliente que está bebiendo y selecciona algo igual o similar como agua, café o té si es que lo ofrecen y pregúntale a tu cliente sobre su preferencia.

7. Sentarse después del cliente con la espalda recta, pegada al respaldo o hacia delante.

8. No realizar la presentación de ventas de forma inmediata, primero preguntar y contar anécdotas sobre sus intereses o lo que observes de fotografías, pinturas, figuras o libros en su oficina.

9. Solicitar permiso para colocar algo en el escritorio del cliente "Me permite colocar...."

10. Entregar detalle promocional con significado social

4. Desarrolla habilidades de Comunicación Verbal como:

   1. Mensaje: Utiliza frases al inicio de la presentación de venta que inviten al cliente a mantener el interés y lograr su apertura a comentar sus necesidades, problemas o proyectos. Deben ser claras, concretas e impactantes de acuerdo con la personalidad, profesión o giro de actividad comercial del cliente. Algunos Ejemplos:

      1. La innovación es lo que distingue a los

líderes de los seguidores. Steve Jobs.

2. El mayor riesgo es no correr ningún riesgo. Mark Zuckerberg.

3. Suerte es lo que sucede cuando la preparación y la oportunidad se encuentran. Voltaire.

2. Velocidad: Cuando menciona las ventajas de tu empresa y argumentos para manejar objeciones debes acelerar la forma en que lo mencionas cuidado la fluidez y claridad de las palabras. Al mencionar beneficios e instrucciones o preguntas de cierre de ventas disminuye la velocidad, haciendo breves pausas en cada beneficio para que sea lo más recordado por el cliente y que él está convencido en tus comentarios.

3. Tono: Una voz grave o aguda te ayuda para contagiar la emoción y no hacer aburrida o monótona la presentación de ventas.

4. Volumen: Hablar en voz baja para hacer preguntas, hacer sugerencias y hacer sentir que el cliente es especial y estás dispuesto a compartir los secretos y beneficios de tu producto o servicio, apertura la confianza y empatía con el cliente. Hablar en voz alta sobre las oportunidades que va a aprovechar, el escenario futuro en el que se va a proyectar permite desear las soluciones que estás ofreciendo.

5. Desarrolla habilidades de comunicación física o no verbal como:

1. Expresión facial: La sonrisa genuina, sencilla y de agrado con una ligera mueca (sin mostrar

los dientes evitando risa burlona o de villano) permite conectar con el cliente. Mantén esta expresión cuando inicies tu presentación y durante los beneficios de tu producto y ventajas de tu empresa. La expresión de preocupación y atención permite ser sensible a las necesidades de los clientes cuando tienen problemas, logrando al cliente sentir que estás comprendiendo lo que te está mencionando. La expresión combinada de sonrisa y de apertura de ojos y elevando las cejas mostrando asombro, se utiliza cuando pones en un estado futuro al cliente disfrutando las soluciones que ofreces.

2. Postura corporal: Cuando llegas a la empresa la postura con espalda recta, mentón elevado mostrando orgullo, paso firme y continuo y saludando a todo el personal a tu paso. Cuando estés sentado frente al cliente, con la espalda separada del respaldo y dirigida levemente hacia al cliente te permite demostrarle que estás para escucharlo y poner toda la atención. Acentuar con la cabeza cada vez que el cliente te esté platicando o movimientos ligeros de izquierda a derecha comprendiendo lo que el cliente te comenta acerca de algo problemático o negativo que le ha sucedido. Cuando un cliente está cruzado de manos entrégale un promocional, pelota anti estrés o folleto. Tocar tu rostro o tus manos al igual que lo hace el cliente te ayuda para comprenderlo, pero no imites todas sus poses y tampoco de forma inmediata ya que se dará cuenta y lo siguiente que hará es cruzarse de brazos.

3. Movimiento de manos. Utiliza una sola mano y de forma extendida para mostrar honestidad y una

actitud de ayuda, con la otra mano sujeta tu pluma para tomar notas de las necesidades, especificaciones y condiciones del cliente.

Consejos

Cuidar la imagen personal requiere mantener un aspecto físico saludable con un aseo personal impecable por medio de una alimentación balanceada, ejercicio diario, meditación y diversión.

Adicionalmente hay clientes que adicionalmente a la calificación de opciones de compra que cubran sus requerimientos con los atributos de los productos, también evalúan la imagen, personalidad y comportamientos del asesor comercial, así como las garantías, experiencia y prestigio de la empresa. Al sumar estos tres criterios formas tu marca personal mismas que es comparada con competidores y asesores de otras empresas y analizan si hay congruencia entre ellas para tomar decisión de compra.

Tema 3: Técnicas de venta

Concepto

Es la habilidad que se adquiere por práctica o experiencia y que al repetir ciertos pasos te da el mismo resultado. En términos de ventas cuando utilizas una técnica te permite obtener una reacción y comportamiento del cliente para estar convencido y comprar tu producto o servicio.

Situación

Augusto trabajaba en una tienda departamental de venta de ropa a público juvenil dónde ganaba comisiones por cada compra que hacían en su área de ropa casual. El mayor problema era encontrar las tallas, mostrarle el probador y cobrar. Augusto tenía la ambición de ganar más comisiones y obtuvo un trabajo de Ejecutivo de negocios para ofrecer soluciones bancarias a pequeñas y medianas empresas. Acostumbrado a recibir clientes, ahora el reto era salir a buscar clientes y convencerles. Adicionalmente cuando entraba a la oficina de un cliente, salía un ejecutivo competidor de otro banco. Realmente eran más comisiones, pero ganarlas era muy difícil.

En las reuniones con su coordinador de ventas expresaba lo siguiente:

"El cliente siempre está callado, serio y por más que le pregunto no me responde o evade mi pregunta con otra pregunta"

"El cliente me dice que no necesita mi producto, que por el momento está bien"

"Lo que más se me dificulta en mis presentaciones de venta es convencer al cliente para que me firme el contrato"

"El cliente me dice que la competencia tiene una mejor oferta"

"El cliente me exige mejores precios, condiciones y entregas urgentes que no puedo comprometerme a ofrecer"

El coordinador de ventas le recomendó a Augusto a utilizar los siguientes pasos para aprender sobre técnicas:

Pasos

¿Cuáles son las técnicas de venta para convencer a clientes difíciles?

1. **Técnicas Rompehielos**

Cuando estés con un cliente frio, cerrado que no quiere perder el tiempo contigo, la primera regla es que al recibirte le interesa algo de tu oferta, lo principal es la información para compararte o estar convencido de que va a obtener la mejor oferta del mercado. Sigue estos pasos para tener mayor apertura con el cliente:

1. Halago honesto. Investiga en páginas de internet, redes sociales y noticias acerca de la historia de la empresa, sus relaciones comerciales, sus proyectos. También investiga sobre el perfil del tomador de decisión, si tiene Linkedin, con quién está conectado, comentarios, profesión. Observa la empresa y sus instalaciones, también del tomador de decisiones checa su escritorio, sus trofeos, fotografías, cuadros, libros, la ropa que lleva, accesorios, colores, marcas de equipos electrónicos etc. y realiza un comentario positivo en una frase corta Ej. Sobre su auto: El motor de ese auto es muy eficiente y veloz verdad". Sobre un reconocimiento: "Felicidades por el premio que recibieron por la cámara empresarial, me imagino los retos para lograrlos merecieron sacrificio y esfuerzo" Sobre su afición: O*Si el equipo deportivo continúa con precisión, trabajo de conjunto, determinación y coraje seguro será el finalista para ganar el campeonato este año. La reacción que obtendrás después de un halago será un agradecimiento por parte del cliente y estará feliz conversar acerca de sus intereses. Utiliza palabras clave como precisión, eficiente, determinado, decisivo, exitoso, profesional, garantiza, calidad que a su vez conectan con los atributos de tus productos.

2. Noticia positiva del día. Cuando vez a un cliente continuamente para hacer venta cruzada o

mantener un alto nivel de servicio, debes tener cuidado al realizar demasiados halagos cada vez que estés con el cliente porque iniciarás en él, una percepción de tu personalidad aduladora y falta de honestidad en tu oferta. Las noticias positivas que comentes deben estar relacionadas con los gustos, aficiones del cliente o de los riesgos y oportunidades que pueden representar para la empresa. ¿Por ejemplo, si tú cliente es un restaurante... (Ejecutivo) buenos días Sr. Cliente parece que la noticia de hoy es muy buena para el negocio... (Cliente) Cuál noticia? ... (Ejecutivo) cerca de este lugar se instalarán las nuevas oficinas de gobierno y los oficinistas van a necesitar menús completos, de buen sabor y a muy buen precio como los ofrece su restaurante. Usted necesitará ampliar su restaurante para aprovechar esta oportunidad, ¿verdad?

3. Anécdotas con reflexión y humor. Cuando estás con un cliente con alto sentido del humor generalmente él es que te cuenta historias o chistes blancos, para conectar con el también debes dar continuidad a su historia, pero siempre relacionado con el producto que ofreces, para evitar presentaciones de venta largas y sin cierre de ventas.

2. **Técnica AIDA**

Es un modelo secuencial para generar una reacción positiva del cliente, captando la ATENCIÓN comunicando una anécdota, historia, frases, imágenes o la propia imagen personal. Manteniendo el INTERÉS con demostraciones, degustaciones, pruebas gratis, testimonios y videos. Provocando el DESEO visualizando al cliente utilizando el producto en un escenario futuro obteniendo los beneficios o evitando los riesgos, y por último, generando una ACCIÓN o reacción al cliente mediante promociones por tiempo limitado, por características limitadas como color, tamaño, olor, rendimiento etc., y también de pertenencia a un grupo selecto de clientes que ya utiliza el producto o servicio, donde también el cliente potencial desea pertenecer.

Las señales de realizar correctamente esta técnica es cuando el cliente te solicita más información sobre costos, requisitos o el contrato a firmar. Recomendaciones para utilizar esta técnica son las siguientes:

1. Capta la Atención con mensajes afirmaciones, halagos de empatía de acuerdo al estilo del cliente. Menciona palabras o frases y guarda pausas de 2 a 3 segundos para comprender reacciones del cliente y posteriormente repetir la palabra y conectarla con el desarrollo de una historia breve, donde describas ubicación, personajes, épocas y resaltar problemas o beneficios y haciendo preguntas sin esperar respuesta del cliente para que te permitan mencionar ventajas del producto. Ejemplo si vendes:

    1. Comida: Placer... El placer de degustar lo que muy pocos pueden es un privilegio y a su vez una recompensa ¿cierto?
    2. Relojes: Tiempo... El tiempo que pasamos con nosotros mismos nos ayuda a reflexionar sobre disfrutar el aquí y ahora con tan solo una mirada al presente, pasado y futuro, ¿verdad?
    3. Seguros: Familia.... La familia es la base para la unión, la colaboración, ayuda mutua y que los padres, hermanos, tíos, primos, abuelos e hijos siempre está en los momentos feli-

ces y los más difíciles, conservar esa unión a pesar de cualquier eventualidad que ponga en riesgo la vida, el desarrollo o el patrimonio familiar es realmente una necesidad, ¿usted qué cree?

4. Colchones: Descanso…. El descanso continuo y confortable por las noches te llena de energía y vitalidad todo el día, ¿Cómo se siente hoy?

5. Servicios Funerarios: Vida eterna… La vida eterna es imposible de tener hoy en día, lo que sí es posible es dar un eterno descanso a quien se nos adelantó en el camino y tener un recuerdo que dure por siempre al despedir a nuestros seres amados.

6. Vacaciones: Diversión… es algo tan agradable que posponer las aventuras, experiencias, aprendizajes y asombros realmente es un verdadero lujo.

2. Mantener el Interés es lograr que el cliente utilice todos sus sentidos (olfato, gusto, tacto, visual y auditivo) en el producto o servicio, es decir que nada lo distraiga, ni una llamada, correo, persona que esté concentrado incrementado su curiosidad con anzuelos y preguntas que generen duda. Ejemplo:

1. Celulares: Enfoca al cliente a comprar el equipo celular que ofreces con el que tiene actualmente o con el que está comparando. Primero haz la pregunta, ¿Actualmente cuáles son las tres cosas que le gustan más del uso del celular? y ¿Cuáles son las 3 cosas que no le gustan? Con esta información

realiza una demostración con el equipo que estás vendiendo, comparando lo que le gusta y lo que no le gusta, sacando el propio cliente sus conclusiones al probar el celular. Ten cuidado en no ser un ejecutivo normal que le pregunta ¿Qué está buscando? más si lo que observas es que su mirada está concentrada en los celulares.

2. Automóviles. Crea una sensación de posesión en el cliente, saca la llave y genera un movimiento con la llave para que se escuche un sonido, entrega la llave al cliente e invítalo a subir hablando siempre en términos de posesión, ejemplo Bienvenido… su futuro coche está listo para que sienta el confort de sus asientos, el sonido envolvente de su estéreo y la potencia de su motor con la mejor tecnología a su disposición para llegar seguro a su destino. Conforme estés mencionando estas palabras con tu mirada, señas, manos indicarle paso a paso lo que debe hacer. Finaliza afirmando al cliente este modelo es suyo y pregunta ¿Ya se vio?

3. Créditos. Los números demuestran lo que va a ahorrar o va a ganar el cliente y el uso de calculadora o simuladores que realizan comparaciones con otras ofertas y destacando ese ahorro o beneficio permite en el cliente tener mayor confianza al tomar una decisión. Enseña al cliente a utilizar la calculadora o simulador, que el meta los números, que se sorprenda y genera preguntas como ¿Si usted tuviera este ahorro, en que lo puede utilizar que sea un gusto que no

se haya podido dar?

4. Restaurantes. Las degustaciones son la acción más efectiva para atraer clientes a probar comida, cuando estás con un cliente para ofrecer servicio de banquete en el restaurant para sus eventos especiales es darle una experiencia extraordinaria, no solo de alimentos por calidad y sabor que es básico, si no de servicios, amabilidad, responsabilidad con el ambiente, atención, recuerdos y ambientación del lugar para pasar un rato memorable. Hacer un video con todo el recorrido que hacen los comensales desde su llegada, consumo de alimentos y convivencia es muy bien recibida con la dedicación, limpieza y compromiso de los cocineros, meseros, ayudantes etc.

3. Provoca el Deseo identificando los 3 beneficios que el cliente tiene mayor interés al probar el producto o servicio, ahora pregunta ¿Cómo sería su situación al tener estos beneficios? ¿Qué haría con ese ahorro? ¿Qué haría ahora que tiene mayor seguridad? También invita al cliente a visualizarse en el futuro donde el no tener el producto o servicio estaría en riesgo de no estar en una mejor condición. Por ejemplo, si vendes:

   1. Ventanas. Me queda claro que lo que más le gustó de estas ventanas es la calidad del material, la protección solar y el tiempo de instalación, calcule cuánto se ahorraría en tener estas ventanas por un mayor tiempo por su alta calidad y es más, imagine que está en su sala con una vista espectacular y sin temor de dañar su piel gracias a la protección

solar, ¿sabe que es mayor el riesgo de padecer algún tiempo de enfermedad en la piel con un costo mayor que si previene hoy para el cuidado de sus seres queridos?.

4. Genera una Acción mencionando al cliente las opciones disponibles, promociones de descuento o mayor volumen por precio o beneficios de pertenecer al grupo selecto de clientes importantes por tiempo limitado. Ejemplo: La promoción a meses sin intereses para adquirir el producto finaliza la siguiente semana, sin embargo, las existencias son pocas si espera hasta al final para hacer su compra. Si usted lo compra en este momento, le agregamos un beneficio adicional, solo por hoy.

El resultado esperado de esta técnica es que al finalizar el cliente demuestre con su postura corporal, sus expresiones faciales o palabras su interés y en su mente se haga preguntas sobre ¿Qué sucede si me pasa lo mismo que al personaje de la historia que me cuenta el ejecutivo? y Si aprovecho el mismo beneficio? ¿Qué requisitos debo cubrir para ganar lo que ofrece? ¿Como lo obtengo?, ¿Cuánto cuesta?

3. TECNICA SPIN

Serie de preguntas para que el mismo cliente identifique sus necesidades y esté abierto a la oferta del producto. Esta técnica funciona especialmente para clientes nuevos o clientes actuales que están satisfechos actualmente, no quieren cambiarse o adquirir el producto y no ven los problemas, riesgos u oportunidades de estar en la misma situación sin un cambio. Los pasos que se llevan a cabo son:

1. **Situación**. Preguntas para encontrar los antecedentes y los hechos sobre las operaciones o com-

portamientos del cliente.

2. **Problemas**. Preguntas que descubren las dificultades o las insatisfacciones del cliente.

3. **Implicación**. Preguntas sobre las consecuencias o efectos de los problemas del cliente.

4. **Necesidad**. Preguntas sobre el valor, la utilidad, la solución o la importancia para el cliente de resolver un problema.

Un ejemplo de aplicar esta técnica es en la venta de crédito a empresas en servicios financieros:

1. **Situación:**
   1. Platícame por favor ¿a qué se dedica su empresa? ¿Y desde cuándo empezó?
   2. ¿A cuántos clientes les vende sus productos? Comentario. Tiene bastantes clientes, le va muy bien verdad...
   3. Y dígame de todos esos clientes, ¿Cuánto le generan de ventas totales en el año pasado? Deme un estimado o lo que viene en su declaración de impuestos. Comentario. Muy bien, los requisitos generales para obtener un crédito principalmente es conocer el giro al que se dedica, su antigüedad y que el monto de ventas cumpla con los requisitos de.... Y para poder ayudar con otros requisitos más específicos vamos a continuar con nuestra plática para asesorar como se merece.
   4. Y ¿cómo está organizada su empresa?, es decir cuántos empleados tiene y qué funciones realizan en general?

5. Por último, usted ¿qué participación tiene en el accionariado y si todos cuentan con historial crediticio?

2. **Problema:**

   1. Comentario. Mi compromiso como su ejecutivo es conocer su empresa, sus necesidades y planes de crecimiento y por experiencia cuando los negocios requieren crédito son por estas razones: cubrir un riesgo, ahorrar con proveedores, invertir y crecer. ¿Usted principalmente en que utilizará el crédito?
   2. ¿Existe el riesgo de perder una oportunidad de negocio si no cuenta el capital para invertir en el corto plazo?
   3. ¿Qué clase de problema tiene con la calidad de sus productos por no tener la maquinaria o equipo requerido?
   4. ¿Qué disgusto a tenido con la falta de pago de sus clientes?
   5. ¿Es preocupante tener un nivel tan alto de...?
   6. ¿Puede cumplir sus propósitos con los procedimientos actuales?
   7. Otros Clientes me dicen que...es problema ¿le parece?

3. **Implicaciones**

   1. ¿Qué tan frecuente usted encuentra que...... sus clientes no le pagan a tiempo o dejan de pagarle?
   2. ¿Esto, como le produce dificultades con......... el pago de nómina, de proveedores, de renta, de gastos?

3. ¿Qué efecto tiene esto sobre...? su manejo de efectivo usa sus cuentas de ahorro, pide prestado a familiares y amigos.
4. ¿Cuándo esto ocurre también ocasiona... discusiones familiares, posibles huelgas, pérdida de relación y descuentos con proveedores?
5. ¿Qué tipo de consecuencia trae esto?
6. ¿Tiene esto efectos perjudiciales sobre otra área?

4. **Necesidades**

   1. ¿Dice usted que le ayudaríamos si pudiésemos...
   2. Entonces ¿usted está buscando la manera de... disminuir su riesgo, incrementar sus ganancias, reducir costos, expandirse, renovarse?
   3. Es correcto que le ayudaría si...
   4. Le Interesaría si yo le enseño una mejor manera de...
   5. Le gustaría poder...
   6. ¿Qué tipo de ahorro le producirá...?
   7. ¿Cuál cree usted que es el mayor beneficio de...
   8. ¿Qué piensa usted que le brindaría mayor ahorro?
   9. ¿Qué tan importante es para usted mejorar en esta área?
   10. ¿De qué otra forma podría ayudar...?
   11. ¿Existen otras maneras en las cuales le podría ayudar...?
   12. ¿Le ayudaría también...para alcanzar

Consejo

La aplicación de las técnicas depende del contexto, el perfil del cliente, el tiempo, el número de visita, el producto, el proceso de toma de decisiones, entre otras condiciones. Lo más importante es que lleves una bitácora de aquellos clientes que te representan mayor reto para generar confianza o piensa en todos aquellos clientes difíciles y los pasos que llevaste a cabo para lograr tus ventas, con ello obtendrás tus propias técnicas.

Tema 4 Propuesta consultiva e integral

Concepto

Es la presentación de la oferta de producto o servicio al cliente, resaltando las principales necesidades que previamente se han diagnosticado y que se cubrirán con la explicación de los beneficios, características, precios, condiciones y ventajas que aseguren al cliente que estará tomando la mejor decisión de compra.

Situación

Rubén era representante de ventas de servicios de publicidad que le encantaba hablar mucho y pensaba que entre más hablaba, menos oportunidad le daba al cliente para arrepentirse de su decisión. En una de sus presentaciones de venta, con un empresario que se dedicaba a la fabricación de trajes, gorras y accesorios de natación, comprendió lo que es vender con una propuesta integral y consultiva. En su ansiedad por vender los servicios, inició su presentación agradeciendo su recibimiento y mencionando que la empresa le ofrecía el mejor servicio del mercado, con los mejores diseños, medios, garantías, facilidades etc. Después de 3 minutos empezó a notar que perdía su atención y lo estaba fastidiando con su monólogo técnico. En ese momento hizo la pregunta de todo vendedor novato: ¿Y qué le parece?

El cliente realizó ese gesto de fastidio echando su cabeza hacia atrás tocando el respaldo de su asiento y en seguida de un movimiento de negación como si fuera de hartazgo, donde probablemente se decía a sí mismo: "No puede ser…. otro representante de ventas que no sabe qué es lo que realmente necesito"

El cliente tomó el control de la conversación y dijo lo siguiente: Sé que trabajas muy duro para tu empresa y noto que deseas venderme en lugar de ayudarme. Para aprovechar los 15 minutos que tengo disponible vamos a iniciar con la siguiente orden de la reunión: 1) Te voy a mencionar a qué se dedica mi empresa, a quien compro y a quién vendo. 2) Te mencionare los problemas que tengo para publicitar mis productos e incrementar mis ventas. 3) Adicionalmente requiero conocer si tienes alianzas con empresas para promocionar mis productos y tener más canales de venta. 4) Te indicare quienes son las personas con las que tendrás que hablar para conocer más necesidades de mi empresa como mi gerente de operaciones, sistemas y ventas, 5) Tendrás la oportunidad de hacerme las preguntas que necesites.

¿Cuál fue al aprendizaje del representante de ventas?

Este cliente tuvo la paciencia para mostrar al representante cómo hacer una verdadera presentación de venta con los clientes por medio de un proceso, aprovechar al máximo 15 o 20 minutos y quitar el miedo para que aprendiera a llevar el control en una reunión de negocios.

Este proceso o protocolos para hacer una presentación de ventas, después de romper el hielo, generar confianza y conocer las necesidades del cliente, es personalizar la presentación haciendo la reunión concreta, clara y con definición de los pasos a seguir o compromisos para acordar la venta, logrando que los 3 beneficios principales de producto sean claros para el cliente, las característticas que cubran sus requerimientos, definición de precios y condiciones y tener listo el contrato para recabar la firma.

Pasos

1. Iniciar tu presentación después de estar preparado con la información del cliente, romper el hielo, diagnosticar sobre necesidades, riesgos y oportunidades. Aplica antes la técnica AIDA y preguntas SPIN para hacer evidente su necesidad presente o futuro.

2. Confirmar necesidades del cliente por medio de parafrasear sus comentarios, es decir, hacer un resumen de las necesidades y problemas que ha comentado cliente, para que este confirme que lo has escuchado y comprendido.

3. En la presentación, el cliente puede decirte varias necesidades, quejas e ideas a la vez, lo que tienes que lograr es enumerar cada necesidad en orden de mayor relevancia para el cliente, anotarlo o en su caso señalar en la presentación si ya la tienes personalizada.

4. Las condiciones y características del producto o servicio deben ser traducidas en beneficios y relacionar con sus principales necesidades, para lograrlo:

    1. Ordena características por cada categoría: Cantidad, Color, Tamaño, Textura, Peso, Duración, Requisitos, Garantía, Entrega, Precio, Pago etc.
    2. Elabora una lista de preferencias de acuerdo con el perfil del cliente
    3. Selecciona 3 preferencias Emocionales y 3 Racionales
    4. Conecta Características con Preferencias
    5. Desarrolla Anzuelos con enunciados creativos que

ayudan a generar el interés del cliente para invitarlo a preguntar sobre el producto, ejemplo:

1. ¿Sabía que usted puede obtener mayores ahorros con el descuento por cantidad de productos adquiridos?
2. La calidad del producto permitirá que usted reciba grandes reconocimientos.... por su decisión de compra.
3. 80% de los que adquieren este servicio eligen por un bajo costo y solo un selecto grupo del 20% considera que el costo adicional por entrega inmediata vale cada centavo. ¿Usted qué prefiere?

6. Enseguida presenta la propuesta por escrito, muestra el folleto, invítalo a realizar una prueba del producto o servicio, una degustación, prueba gratis, uso del servicio, demo.
7. Al finalizar la presentación de características, beneficios y de la prueba o propuesta realiza un resumen de la solución.
8. Proyecta al cliente en un escenario futuro que sienta y se vea así mismo utilizando el producto y disfrutando los beneficios.
9. Haz una pausa Si el cliente pregunta ¿dónde firmo? ya vendiste.
10. Si el cliente sigue pensativo y callado realiza los precierres:

    1. Directo: Indica al cliente donde tiene que firmar o pagar para realizar el acuerdo de compra venta. Ejemplo, Pues bien, señor... esta es la solicitud y le voy a indicar donde tiene que firmar.

2. Alternativo: Le das un par de opciones de compra al cliente. Ejemplo, Para continuar con esta oportunidad... ¿dígame si requiere el pedido por 1 millón o 2 millones de pesos?
3. En resumen: Se menciona cada problema y necesidad y la solución que va a resolver y cubrir la expectativa del cliente.

Consejo

NUNCA MENCIONAR DESPUÉS DE LA PRESENTACIÓN... ¿Qué Opina? ¿Qué le parece la oferta?...... ¿Le agrada lo que le presente? ¿Cree que es buena oportunidad?

NUNCA ROGAR, ya que demerita tu persona y tu trabajo sujeto a los caprichos del cliente

Tema 5 Manejo de objeciones, negociación y cierre

Concepto

El manejo de objeciones es un método que ayuda a comprender las negativas de compra del cliente, aclarar dudas cuando menciona que tiene que pensar su decisión o en su caso iniciar una negociación de precios y condiciones para lograr un acuerdo de compra - venta.

Situación

No sé qué decir a los clientes cuando, después de mi presentación, me comentan:

Deje lo pienso

Mañana le digo
Lo tengo que consultar
Déjeme la información y yo lo busco

Por el momento no, gracias
No lo necesito ahora
Ya tengo el producto, servicio

Es muy caro
Voy a revisar mi presupuesto y decidir la mejor opción
La oferta no es atractiva
Tengo una mejor opción
Está limitado tu producto
Tengo un servicio más completo
El color, tamaño, capacidad que requerimos no lo tienes
Te lo devuelvo si no me satisface y me regresas mi dinero
Es demasiado producto o servicio para lo que necesito
Ya me fallaron una vez y no me cumplieron lo que ofrecieron

Les insisto, pero parece que ya no quieren escucharme y me dicen que tienen otro asunto que atender y que agradecen mi llamada o visita y que deje mi presentación y después me llaman.

¿Cómo manejar objeciones para que el cliente compre el producto?

Primero debes descubrir la verdadera razón por la que el cliente no quiere o no puede adquirir el producto y con ello enfocar tus comentarios para ayudarle a comprender los beneficios. La herramienta que te ayudará a manejar objeciones se llama **ESAC** (Escuchar, Sondear, Argumentar y Cerrar)

Pasos

¿Cómo manejar objeciones para que el cliente compre el producto?

1. **Empatiza** con el cliente cuando te cuestione o realice preguntas sobre tu oferta comercial mencionando Si Entiendo / Si Comprendo / Estoy de acuerdo con uds / Exactamente es la misma preocupación de nuestros clientes posteriormente <u>Parafrasea</u> repitiendo la objeción del cliente en tus propias palabras para que comuniques que lo has escuchado.

2. **Sondea** al cliente preguntando detalles específicos para descubrir la objeción real para profundizar en la respuesta que debes mencionarle y si el cliente desea agregar más información sobre su objeción y puedas clasificar. Ejemplo si el cliente comenta:

    1. Lo voy a pensar, mañana le digo, lo tengo que consultar, Déjeme la información y yo lo busco. Cuando un cliente menciona esto, realmente quiere decir que tiene dudas sobre la oferta y se clasifica como una objeción de **Consulta y** la respuesta de empatizar junto con la pregunta de sondeo es:

        1. Comprendo que una decisión tan importante debe consultarse y meditar con detalle, para ello quiero asegurarme de que usted tiene toda la información para tomar decisiones, ¿Cuáles serían los 3 temas que debe consultar? ¿es sobre el precio, tiempo de entrega, requisitos, tamaño etc?

    2. Por el momento no gracias, No lo necesito ahora, Ya tengo el producto, servicio. El cliente está satisfecho con la oferta de la competencia y le cuesta más dinero o tiempo tomar una decisión de cambiar de proveedor, es una objeción de **Conformismo.** Para conocer más detalle la respuesta y pre-

gunta es:

1. Entiendo que actualmente está satisfecho con lo que tiene y si tuviera la oportunidad de estar en una mejor situación ¿Puede ayudarme a conocer un par de mejoras al producto o servicio de su proveedor actual para evaluar otra opción? o de mi producto ¿qué cambios sugiere para cumplir sus expectativas? ¿Comprendo que no es buen momento, le propongo hacer una prueba piloto donde usted puede disfrutar los beneficios, desea iniciar hoy o prefiere mañana? Comprendo, le dejo mi tarjeta para contactarme cuando usted lo requiere y si me permite un correo electrónico o un número telefónico para hacerle llegar las ofertas exclusivas que tenemos o si lo prefiere usted hacerla llegar a un contacto que le interese y usted también beneficiarse de la recomendación... ¿su correo y número es?

3. Es muy caro, voy a revisar mi presupuesto y decidir la mejor opción, la oferta no es atractiva, tengo una mejor opción, está limitado tu producto, tengo un servicio más completo, el color tamaño que requerimos no lo tienes, té lo devuelvo si no me satisface y me regresas mi dinero, Es demasiado producto, servicio para lo que necesito, ya me fallaron una vez y no me cumplieron lo que ofrecieron. El cliente le interesa obtener tu producto, sin embargo, quiere obtener los mejores beneficios y condiciones y tener mayor seguridad para decidir su compra, aquí la objeción es de **Condición.** Aquí inicia el proceso de negociación en la venta. Si es una condición de precio la respuesta y

pregunta de sondeo es:

1. Si yo tuviera que estar en sus zapatos para tomar una decisión, pensaría que el precio es la principal condición para llegar a un acuerdo, ¿verdad? veamos, usted desea el mejor precio con las mejores condiciones y nosotros ofrecerle las mejores condiciones al precio que tenemos fijado, tenemos la mejor opción de descuento por volumen, es decir entre mayor es su compra mejor es el precio que podemos ofrecer. ¿Tiene planeado adquirir mayor producto en las siguientes semanas? Por el momento lo tenemos en otro color, tamaño o capacidad, le ofrecemos un par de opciones, la primera es adquirir este equipo con estas características y le agregamos el mantenimiento o seguro los primero tres meses sin costo y nosotros nos encargamos de entregarlo donde usted requiera y asegurarnos de su utilización óptima. La segunda opción es hacerle un descuento o bonificación si lo paga ahora y le entregamos con las condiciones que requiere en las siguientes semanas. ¿Desea la primera o la segunda opción?

3. **Argumentar** con hechos concretos donde el cliente identifica de forma cuantitativa o emocional el riesgo u oportunidad respecto a la obtención o falta de beneficios del producto o servicio, testimonios de otros clientes que han usado el producto, anécdotas, historias o afirmaciones, demostraciones, degustaciones, pruebas gratuitas, opciones para ayudar a adquirir el producto, entre otras que logran convencer al cliente. Por ejemplo:

1. El cliente comenta que actualmente no necesita el producto y que probablemente en unas semanas, meses más adelante o cuando le sea urgente. El argumento que manejas es sobre una promoción especial o escasez.

2. El cliente menciona que el precio es lo que realmente le preocupa y desea un mayor descuento para tomar su decisión. El argumento por utilizar es mejor precio por volumen, referencia de otros clientes, descuento en pago de contado, descuento por utilización por un tiempo determinado, adquisición del servicio en temporada baja de compra.

3. El cliente dice que difícilmente cambiará de proveedor debido que actualmente están satisfechos con la calidad y precio de su proveedor actual. El argumento que ayuda a los clientes es realizar pruebas piloto que le permitan conocer el servicio, calidad y realizar una comparación para que disminuya el riesgo de concentración en un solo proveedor y tenga más opciones.

4. **Cerrar** cuando el cliente está convencido de comprar y firmar el contrato, posterior al manejo de objeciones, utilizamos nuevamente el cierre directo, alternativo o de resumen, preferencias de entrega, cantidad de producto, servicio a adquirir o método de pago.

Consejo

Para invertir poco tiempo en clientes y ganar mucho dinero, debes lograr el mayor porcentaje de cierres, es decir, que de cada 10 clientes que contactas o visitas, ayudas a 7 en adquirir el producto, significa que tu tasa de éxito es del 70%. Para tener este nivel de éxito debes prepararte, perfilar adecuadamente al cliente y no invertir tu tiempo en más de 3 visitas con el mismo cliente sin cerrar un producto o al menos una referencia efectiva que te permita llegar a otros clientes que si adquieran el producto.

El promedio general de cierres es del 10% (1 cierre de cada 10 clientes visitados), y aplica a aquellos ejecutivos con baja preparación, sin conocimiento de técnicas y sin utilizar pasos y consejos para vender de forma profesional. Esto significa dedicar mucho tiempo y ganar poco dinero. Para no caer en esto, siempre perfila al cliente y visita a aquellos que cumplan con los requisitos del producto, identifica a clientes que no quieren cambiarse de proveedor porque tienen una relación familiar o de amistad con su proveedor actual, también evita a clientes que quieren extorsionar o pedirte algo a cambio.

MÓDULO 4: POSTVENTA

Tema 1 Contratación e implementación

Concepto

Es proceso legal que acuerda el vendedor y comprador donde se establece, precio, cantidades, características, condiciones, requisitos, tiempos de entrega, garantías y pago por el producto o servicio.

Situación

Ramón logró cerrar la venta obteniendo la firma del cliente en el contrato y con un fuerte apretón de manos se despide informando que requiere documentos como comprobantes de domicilio, constancias fiscales, e identificaciones para tener listo el expediente y solicitar al área de operaciones el orden de pedido. Finalmente, el cliente preguntó: 1 ¿Cuándo será la fecha de entrega del producto? y 2. ¿Cuál es la garantía en caso de no quedar satisfecho?

Sin dudar, Ramón responde que de 3 a 5 días hábiles será la entrega y que si no llega el producto que le deja un numero de atención de servicio al cliente para que le comenten el estado de entrega. El cliente insiste en su preocupación: ¿Pero y si no me agrada lo que me entregan? y Ramón argumenta que comprende su preocupación y que garantiza que en caso de no agradarle le devuelve su dinero.

Pasaron los 5 días y el cliente no ha tenido respuesta, llama al número de atención a clientes y le informan que su pedido no está listo, que tarda la entrega por la falta de algunos materiales o análisis del pedido y que se comunique en 3 días más. El cliente contacta a Ramón y esta mismo le responde que por el momento está ocupado con otro cliente y que le llamara más tarde.

El cliente nunca recibe la llamada de Ramón, pasan 3 días más y no llega el producto. Llama al número de atención a clientes y le informan que su pedido está en trámite que tiene un volumen alto de pedidos y que deberá esperar más tiempo.

El cliente ya molesto acude con el jefe de Ramón para quejarse del incumplimiento de la entrega y solicita la devolución de su dinero.

¿Cómo garantizar la satisfacción del cliente en la entrega del producto?

Pasos

¿Cómo garantizar la satisfacción del cliente en la entrega del producto?

Cuando no se cumple alguna condición de entrega, requisito, o servicio que es prometida por el ejecutivo de ventas, causa en el cliente una sensación de estafa y su reacción será de cancelar el pedido y exigir la devolución de su dinero. Para lograr evitar la tentación de prometer u ofrecer algo que está en riesgo de no cumplirse por alguna situación ajena al ejecutivo, este debe lograr que el cliente comprenda en un lenguaje sencillo las cláusulas y condiciones del contrato. Para ello es recomendable seguir estos pasos:

1. Nunca ofrecer o prometer algún servicio, tiempo, condición o garantía que no esté por escrita en el contrato, para ello debes dominar el contenido del mismo.

2. Señalar en el contrato las tres cláusulas que más interesan al cliente sobre:

    1. Tiempos de entrega
    2. Condiciones de entrega
    3. Garantía y cancelaciones

3. Demostrar compromiso y comunicación con llamadas, mensajes, recomendaciones, y seguimiento al estatus del pedido del cliente hasta su entrega final, siendo el principal responsable de realizar acciones adicionales con el área de operaciones para acelerar la entrega.

4. Generar un esquema de compensación en casos donde no se cumplan condiciones del contrato, con una disminución de precios, entrega gratuita, mayor volumen de producto o descuento garantizado en su siguiente compra.

Consejo

Es mayor la confianza que generas en el cliente que las dudas al firmar un contrato cuando le ofreces toda la comunicación que le ayudará a tomar sus decisiones de compra. Ser el principal responsable de su satisfacción es primordial para que el cliente tenga la certeza que esta con un profesional que puede convertirse en su socio de negocio al buscar una satisfacción garantizada.

Tema 2 Soporte

Concepto

Significa otorgar una atención y servicio extraordinario al cliente en casos de que tenga dudas o problemas con su producto y ser un canal para recibir sugerencias de mejora logrando que nos recomiende con otros clientes o tener la oportunidad para resolver y vender más producto.

Situación

"Cuando tengo un problema nadie me resuelve, me mandan de un lugar a otro, de una persona a otra"

Félix es un cliente con gran lealtad hacia una reconocida marca de equipo tecnológico por la calidad, precio y funcionalidad de los productos y servicios. Tiene gran influencia en redes sociales cuando recomienda el uso del producto, entre videos, selfies y tweets es un verdadero fan de la marca y detractor de la competencia.

La reconocida marca lanzó un producto dirigido a empresas y Félix es quien toma decisiones para la adquisición y renovación de equipos tecnológicos y estaba emocionado de probar el producto, sus funcionalidades y servicio.

Félix solicitó la compra de equipo para poner a prueba el producto y funcionaba bien, hasta que tuvo problemas con la configuración y conexión con los sistemas de la empresa de Félix. La experiencia postventa no cumplió sus expectativas, no responden al teléfono, el ejecutivo de ventas no lo localizaba, enviaba correos y solo respondieron que estaban atendiendo su solicitud y que a la brevedad se comunicaban para dar solución.

¿Cómo lograr una experiencia extraordinaria en servicio post-venta a un cliente?

Pasos

¿Cómo lograr una experiencia extraordinaria en servicio post-venta a un cliente?

1. Proactividad en servicio desde agregar en agenda diaria llamadas de medición de satisfacción de servicio, elaborando cartas de agradecimiento y que sigue pendiente de solucionar cualquier situación que se presente con el uso del producto.

2. Capacitación continua al cliente. Enviar información, llamar por teléfono, visitar para explicar una nueva funcionalidad o enseñar sobre las nuevas tendencias respecto al producto o servicio que ofreces, te permite estar cerca del cliente y atento a nuevas necesidades.

3. Directorio de contactos a disposición del cliente. Hacer una lista de posibles contactos en ciertos casos permite al cliente tener claridad a quién dirigirse para resolver un problema.

4. Comprender, Escalar, Resolver. Nunca discutir, agredir o atacar al cliente cuando realiza una queja o sugerencia, reflexionar sobre su situación y escalar un problema sin solución a quien sea necesario para acelerar la respuesta al cliente.

5. Recompensar la queja como regalo. Mantener un programa de agradecimiento desde artículos promocionales hasta descuentos en su próxima compra para motivar al cliente a que se comunique para mejorar el servicio.

Consejos

Capacitar a servicio a clientes, conocerlos y ayudarlos, te permite invertir tiempo que a su vez te dará rendimientos futuros respecto a evitar cancelaciones, quejas o encontrar nuevas oportunidades con un cliente satisfecho.

Tema 3. Venta Cruzada

Concepto

Es la oferta de un producto adicional que complemente el requerimiento principal de los clientes.

Situación

Edgar era un ejecutivo de servicios financieros que dedicaba tiempo considerable para analizar a los clientes, realizar preguntas para profundizar en las necesidades presentes y futuras, así como hacer recomendaciones para mejorar la salud financiera de sus clientes.

El gerente de ventas que supervisaba a Edgar analizó sus resultados y observó que pasaba demasiado tiempo con los clientes, aproximadamente 1 hora y se le hacía excesivo comparado con el tiempo promedio de sus colegas que era de 20 a 30 minutos. Lo más preocupante para el Gerente era que Edgar no estaba realizando la venta de otros productos complementarios o adicionales a los que vendía al cliente durante la hora invertida en la cita.

El gerente le preguntó a Edgar ¿por qué no realizas venta cruzada si dedicas mucho tiempo a los clientes? y Edgar respondió que su técnica era pasar suficiente tiempo con los clientes para aclarar sus dudas, asesorar y generar confianza para tener clientes leales y que en una siguiente cita le venderá otros productos porque si lo hacía en ese momento tenía el riesgo de incomodar al cliente y perder su confianza. El gerente nuevamente preguntó ¿De los últimos 10 clientes que le dedicaste una hora a cada uno a cuántos de ellos le has vendido otros productos en el mismo mes en que tuviste la primera cita? y Edgar respondió que, a ninguno, pues generalmente lo buscan en el siguiente mes o cuando requieren otro producto.

Finalmente, el gerente afirma que, si no vende otro producto complementario en la primera cita, es probable que el cliente no quede totalmente satisfecho con su compra inicial debido a que realmente va a requerir ese producto complementario o peor aún, la competencia estará pendiente de lo que requiera el cliente y lo buscará para ofrecer ese producto complementario o en su caso una oferta integral que desplace el producto que inicialmente Edgar ofreció.

Edgar pregunta a su gerente, ¿Como hacer venta cruzada sin incomodar al cliente en la primera cita?

Pasos

¿Como hacer venta cruzada sin incomodar al cliente en la primera cita?

1. Realiza preguntas sobre los hábitos de uso que le dará al producto y escucha activamente, parafrasea y nunca ofrezcas un producto hasta que el cliente haya terminado de mencionar sus requerimientos.

2. Da ejemplos de otros clientes si al realizar preguntas no menciona a fondo sus necesidades o si el cliente no profundiza sobre sus hábitos de uso presentes o futuros, esto permite poner al cliente en los zapatos de otras

personas o empresas con necesidades similares. Cuando vas mencionando ejemplos y el cliente te hace preguntas respecto al ejemplo que más le interesó es cuando te vas acercando más a lo que está buscando y dando información sobre los posibles complementos de otros productos que puede necesitar y que no había pensado.

3. Juega al papel de "Si yo estuviera en su posición". Una vez que selecciono el producto principal ubica al cliente en escenarios futuros, es decir, menciona: Con todo respeto Sr. cliente si yo estuviera en su posición y le daría este uso al producto, es muy probable que necesite este complemento para mejorar la experiencia, obtener mayores rendimientos, cubrir la garantía, sacar el máximo provecho y evitar un riesgo futuro.

4. Empaqueta tus soluciones al cuantificar y ayudar a evaluar el costo-beneficio de su decisión, es decir, si tienes diferentes precios del mismo producto dale tres opciones el más alto, el medio y el bajo costo. Posteriormente adiciona los complementos del producto dando dos opciones de compra con complementos y sus costos. El objetivo es hacer ver al cliente que, al pagar por una cantidad mayor o similar al producto más caro, se lleva de regalo otros productos si selecciona el producto del precio medio o bajo.

5. Realiza un resumen enumerando el pedido y mencionado la necesidad que cubre cada producto complementario de la opción de compra con complementos que haya seleccionado. En caso de que el cliente decida que únicamente quiere comprar un solo producto, maneja su objeción, empatizando, sondeando la razón de su elección y argumentando para ayudar a seleccionar una opción de paquete de soluciones con complementos.

Consejo

Si el cliente insiste en su compra única, informa que estarás pendiente de su experiencia con el uso del producto y llamarás en las siguientes semanas para evaluar si está satisfecho y si requiere algún otro complemento. Empaqueta soluciones no vendas productos.

Tema 4. Referencias

Es lograr obtener los datos de contacto de potenciales clientes que pueden estar interesados en tus productos y servicios y que provienen por recomendaciones de clientes actuales, colegas, grupos o asociaciones, empleados y otras personas para ampliar tu lista de clientes y repetir el proceso de ventas.

Situación

"Todos Somos Ventas"

Existen tres niveles de éxito de un vendedor siendo el primero el convertirse en un asesor profesional, con auto-preparación constante, poniendo en primer lugar los intereses del cliente, siendo responsable, honesto y comprometido en comprender sus necesidades, diagnosticar su situación y ofrecer soluciones que le permitan al cliente estar satisfecho y ayudando a resolver sus problemas y aprovechar las oportunidades para su crecimiento.

El segundo nivel de éxito es convertirse en un estratega que define y ejecuta acciones para hacer más rentable su cartera de clientes, siendo el líder que administra su cartera como un negocio propio, analizando todo el bosque y no solo un árbol, así como tener conocimiento e información de valor sobre los factores externos, políticos, económicos, sociales y tecnológicos que impactan en las decisiones de los clientes, revisando los comportamientos presentes, pasados y futuros de sus clientes para anticiparse a sus decisiones de compra, presentándose en los momentos más oportunos, con un excelente administración de su tiempo y logrado estar pendiente de su tablero de resultados e indicadores de venta como porcentaje de conversión de citas en venta, venta cruzada, clientes nuevos constantes y compras recurrentes.

El tercer nivel es ser un imán para ser buscado por los clientes, en lugar de que el vendedor busque a los mismos, logrando un trabajo previo de posicionar una marca personal con adjetivos de ser un ejecutivo profesional, proactivo, confiable y experto en ofrecer soluciones, que cada vez que algún cliente o prospecto tenga un problema u oportunidad lo busque en primer lugar para consultar y solicitar sus productos y servicios y que tengan que esperar a que el vendedor les dé cita, debido a que su agenda está saturada. Para lograr este nivel, adicional a tu marca personal, deberás invertir tu tiempo en convencer, capacitar, cautivar, enamorar, a tus jefes, colegas de trabajo, empleados, proveedores y clientes de tus clientes, representantes de cámaras y asociaciones empresariales o grupales, así como dependencias de gobierno para que te recuerden, hablen de lo que tú ofreces y te conecten con clientes potenciales en pocas palabras lograr que otros vendan tus servicios.

¿Cómo lograr que otros vendan mis servicios y me envíen referencias?

Pasos

¿Cómo lograr que otros vendan mis servicios y me envíen referencias?

1. Reputación y posicionamiento de tu marca personal, destacando tu servicio, responsabilidad y compromiso, expresando en tus citas de venta, eventos sociales y

publicando y comentando en tus redes sociales y profesionales temas que sean congruentes con tu personalidad, superación personal, positivismo, sustentabilidad, luchador de las causas para tener una mejor calidad de vida, educación y cuidado del medio ambiente, energía, equilibrio, seguridad, valores familiares entre otros, cuidando tres acciones importantes:

1. El primero que estás destacando tu persona y no el producto o servicio, es decir de cada 10 publicaciones compartidas o comentadas solo 3 deben estar relacionadas con promociones u ofertas de tus productos para evitar caer en pasar por desapercibido por solo proyectar publicidad.

2. El segundo evitar temas sensibles al debate y a discusión social para evitar etiquetas racistas, machistas, ideológicas, preferencias políticas y posicionamientos inflexibles por algún comentario que critique, juzgue o ataque a un determinado grupo, persona o idea.

3. El tercero es atraer, seguir y compartir temas que están en el interés de tu público objetivo, por ejemplo si uno de tus clientes le interesa el cuidado del medio ambiente debes conectar con el emocionalmente compartiendo el mismo interés, comentando que conoces iniciativas de reciclaje que además de disminuir la contaminación, aportan a causas sociales de ayuda a viviendas de personas de escasos recursos o a la investigación de la cura de enfermedades y que estarías encantado en mostrarle tus publicaciones acerca del tema. El punto clave es conectar emocionalmente con un interés común y que realmente a ti te interese cómo el deporte, la cultura, el turismo,

filantropía, ecología, salud, familia, educación financiera, calidad de vida, entre otras. Con esto lograras estar presente en la mente de tus clientes y que ellos te recuerden para hacer una recomendación.

2. Segmenta e integra a tus clientes por interés común (deporte, cultura, negocios etc.) y realiza reuniones informales (desayunos, comidas, cenas) siendo el anfitrión que selecciona a clientes distinguidos para conocer a gente en sesiones de networking. Las personas tenemos la necesidad de pertenencia a un grupo exclusivo que comparte intereses comunes y estos intereses los llevan hacia ti. Para ello selecciona a colegas, clientes, funcionarios que tengan mayor influencia o contacto con los clientes potenciales que van a referenciar y de pronto, por extender una invitación, que tu contacto principal les haga una cordial invitación para asistir a una de tus reuniones. Lo mismo puedes hacer si conectas con un cliente que a su vez es anfitrión para invitarte a sus sesiones de networking y darte a conocer. Recuerda que es más efectivo que tu contacto te presente en persona a su referencia que si te da sus números telefónicos.

3. Capacita sobre el mejor uso del producto a tus clientes y colegas enfatizando en los beneficios y enseñando por medios digitales en una forma divertida, entretenida y competitiva. Un ejemplo de ellos es regalarles diariamente 5 minutos de momento de relajación, enviándoles por whatsapp, correo electrónico o link a tu página con un minijuego un crucigrama, memorama, rompecabezas, adivina quién, código secreto o trivias y lleva un puntaje y un ranking de los mejores cuyo premio sea algo personalizado como una botella de vino que contenga en su etiqueta información que rela-

cione la personalidad de tu cliente con el tipo de vino. otro ejemplo de premio puede ser un artículo personalizado de acuerdo con si interés principal, ejemplo si le encanta el fútbol, una camisa de su equipo favorito con su nombre, si le interesa los automóviles, una réplica en miniatura con una leyenda que mencione sus principales fortalezas de su personalidad relacionado con las características del automóvil. La clave es relacionar tu producto, con los intereses de tu cliente y fusionarlos en una dinámica entretenida que permita aprender si sentir que lo estás capacitando.

4. Premia a aquellos clientes que están satisfechos con tu producto o servicio por medio de un programa de referidos ofreciendo lanzamientos exclusivos, dando la garantía que será de los primeros clientes que se enteren de las mejores promociones, descuentos o pruebas piloto con beneficios, invitación a eventos especiales donde será uno de los protagonistas para comentar sobre su experiencia dejando fiel testimonio de su satisfacción del servicio que ofreciste.

5. Convierte a tu cliente como embajador de tu marca que sea un imán del sector al que pertenece para que sus competidores, amigos, clientes aspiren a pertenecer el mismo grupo exclusivo. Si como ejecutivo está limitado a ofrecer un beneficio que no esté aprobado por tu empresa o no cuenta con un programa de referidos, no te limites e inicia como lo más sencillo, responde a la pregunta ¿Que puedo ofrecer a mis clientes como premio para que me envié referencias sin incumplir las políticas de la empresa? Primero pensar que le interesa a mi cliente respecto al producto y la respuesta será que tu producto y tu servicio cumpla lo que ofrece en tiempo, beneficios y a un precio razonable. Una vez cubierta esta necesidad, lo siguiente es pensar la forma

en que puedes ofrecer un servicio extraordinario a tus clientes y que lo valore a tal magnitud que cuando solicites una referencia no dude en compartir datos de contacto de clientes potenciales por ejemplo, dar seguimiento continuo, involucrarse y comprometerse directamente para la solución de un problema o requerimiento, atención continua para evaluar el servicio, otorgar información relevante que le ayude a tomar decisiones de compra en tiempo y forma, anticiparse a sus necesidades. Por último, qué beneficios puede recibir el cliente, que sean de su interés, que no incumpla una regla o política antisoborno, y que le permita enviarte referencias, por ejemplo, el intercambio de contactos donde por cada cliente que te referencie tú lo conectas o presentas con aquella persona que pueda ayudar a cubrir sus necesidades o intereses que aplica también a colegas, amigos y familiares.

Consejo

Trata a las personas que te envíen referencias con gran respeto, cuidado y hasta a un nivel de lograr una amistad cercana, recordando y felicitando en sus fechas especiales de ellos y sus seres más queridos, acompañado a sus eventos más importantes y también en los momentos difíciles, estar atento de contribuir a sus causas, a sus proyectos, a sus deseos para generar vínculos de colaboración de la forma más sincera posible, es una forma de retribuir la recomendación y la ayuda que a ti también te están otorgando al enviarte referencias.

MÓDULO 5: SECRETOS DEL ÉXITO EN VENTAS

Tema 1: Secretos del asesor profesional en ventas

Concepto

Son las claves, disciplinas y mentalidad que convierten al vendedor promedio en un asesor profesional de ventas que lo ayudan a cumplir sus metas personales y profesionales.

Ganar ventas significa comprender las necesidades del cliente para ofrecer soluciones de forma integral, responsable y frecuente mediante el proceso de planeación, prospección, presentación y postventa.

Conquistar metas consiste en superar obstáculos, vencer miedos, tolerar frustraciones y sobresalir de rechazos en situación de crisis personales o profesionales que te impulsarán a desear el éxito.

Situación

"Deseo ser el mejor representante de ventas de mi empresa y ganar todos los premios del año"

Hola soy Fernando, siempre he aspirado a ser parte del grupo elite del 20% de los mejores asesores que generan el 80% de las ventas, pero siempre me he quedado a mitad de la tabla. La mediocridad no es lo mío. Si hago algo lo realizo bien hasta ser el mejor y punto. Soy buen vendedor, pero comprendo que no es suficiente para ser un extraordinario asesor de mis clientes.

Mi ambición y ganas de triunfar requieren conocer las claves del éxito en ventas pues me ayudarán a lograr mejores resultados para mi empresa y para cumplir mis metas personales.

Pero por más que me levanto todos los días con ese deseo, algo sucede en el transcurso del día como el tráfico, un jefe que te grita, rechazos y humillación de clientes, el área operativa que no entrega los productos o queda mal con el servicio, las quejas, problemas de salud o familiares, en fin, surge la voz interior que me dice "solo haz lo que puedas".

¡Ya basta!

Hoy cumpliré mi misión de ayudar a clientes a tomar decisiones de compra, siendo el mejor asesor que descubre oportunidades y genera beneficios. Si ya inicié en este camino daré todo lo mejor de mí para continuar y alcanzar mis metas.

Pasos

Para ser el mejor en cualquier campo de trabajo primero debes trabajar en tu propia persona y estar convencido de ser y hacer lo que realmente deseas con mucha preparación. A continuación, te mostramos las claves de éxito en ventas:

1. Convence a tu mente con actitud positiva para ayudar a clientes
2. Visualiza el triunfo con escenarios, adaptaciones y usando tus sentidos

3. Genera riqueza incrementando tu inteligencia financiera

4. Entrena tu cuerpo mejorando tu imagen, comunicación, técnicas y análisis.

5. Domina el proceso de ventas para ser un profesional que usa herramientas y técnicas con orden y disciplina para generar confianza en los clientes.

Consejo

"El éxito se da cuando la preparación encuentra la oportunidad"
La preparación y oportunidad dependen de ti y se atraen entre sí.

Tema 2: Convence a tu mente

Concepto

Demostrar a ti mismo que puedes lograr lo que te propones con una actitud positiva que te enfoca a vencer obstáculos por medio de la concentración, meditación, autosugestión, atracción de sensaciones y emociones que estimulen el equilibrio de tu energía para mejorar tu entorno.

Situación

"Maldita realidad. Es tan necia que no logra ser como yo quiero"

Sandy ingreso a ventas hace 6 meses tiene buena imagen pública y se le facilita conversar con personas desconocidas pues las escucha atentamente y aconseja para resolver algún problema. Pero al paso del tiempo llegó a la conclusión que ventas no es lo suyo pues la presión y rechazo le hace tener un bajo rendimiento. Ha tenido varios trabajos y diversos proyectos y ha determinado que el universo está en su contra, que nada le sale bien. Sensible a la opinión la gente muy fácil se desmotiva, culpa a los demás y no se hace responsable de su propio destino.

El gerente de ventas ve un gran potencial en Sandy y apuesta por ayudarla a salir adelante ya que identifica que su problema principal está en cambiar su forma de pensar, tener un objetivo claro y enfocarse en sus motivaciones para lograrlo. En la junta de resultados con la gerencia le sugiere algunos pasos para convencer a su mente con los secretos del éxito en ventas.

Pasos

¿Cómo tener una motivación que me enfoque en lograr mis metas?

1. Escribe enunciados, declaraciones o afirmaciones positivas como las siguientes:
    1. Convence a tu mente:
        1. Ayudo a mis clientes a tomar decisiones
        2. Siento orgullo al promover soluciones
        3. Con Visión, poder y persistencia hoy es un gran día en mi vida
    2. Visualiza el triunfo:
        1. Doy gracias por tener motivos de éxito
        2. Invento mi propio futuro
        3. Me enfoco en lograr mis metas
    3. Genera riqueza:
        1. En ventas tengo mi propio negocio
        2. Los desafíos desarrollan mis habilidades
        3. Me dirijo hacia mi libertad financiera

4. Entrena tu cuerpo:
    1. Aprendo diario para ser un profesional
    2. Doy respeto cuidando mi marca personal
    3. Es mayor mi emoción a ganar
5. Domina el proceso:
    1. Planeo, busco, promuevo y oriento con valor
    2. Creo y adapto mi modelo para ser el mejor

2. Selecciona 4 afirmaciones donde consideras van a derrotar tus miedos y bloqueos

3. Repite 3 veces por la mañana al despertar y por la noche al dormir

4. Cada vez que a tu mente venga tu voz interior negativa, repite la afirmación que te ayudara a llenarte de energía positiva y a enfocarte a lograr lo que deseas.

Consejo

Cada día es un aprendizaje y deberás escribir los resultados de haber utilizado tus escudos y armas de afirmaciones para hacer de ella una disciplina. Te sorprenderás al leer tus propias lecciones de éxito.

Tema 3: Visualiza el triunfo

Concepto

Consiste en establecer tus metas personales con ejercicio de meditación, agradecimiento y el sentir de emociones satisfactorias de obtención de logros para estar alineado a cumplir tus objetivos.

Situación

"Ya estoy conforme con lo que tengo, pero no con lo que soy y puedo lograr"

Esto comentó un ejecutivo de ventas que había logrado adquirir su casa, auto y tenía dinero para sus viajes y entretenimiento. Su medio rendimiento reflejaba su conformismo pues al hacer por 5 años las mismas actividades de venta sentía un estancamiento. *"Para que ser el mejor, si así estoy bien"* se mencionaba así mismo. Hasta que cambiaron el esquema de incentivos, comprendió que hacer lo mismo no le daban mejores resultados.

De un medio rendimiento se fue a un pésimo desempeño en metas. Necesitaba nuevas estrategias para salir del bache, pero lo que más necesitaba era aferrarse a tener un nuevo reto, un nuevo camino hacia donde llegar y en quien desear convertirse para sentir el mismo apetito que tenía hace algunos años. Pero ¿cómo hacerlo?

Pasos

¿Cómo aceptar los cambios y concentrarte en lograr tus metas?

1. **Prepárate para disfrutar uno de los mejores viajes y sueños de tu vida:**
    1. Agenda 30 minutos antes del amanecer. Ejemplo 6:30 am
    2. Elige un lugar dentro de casa donde estés un momento a solas.
    3. Siéntate en una silla o sofá cómodo.

Primera parte Encuentro contigo mismo

1. Escucha en tu celular y con tus auriculares una música relajante por 5 minutos.
    1. Mientras escuchas la música, respira de forma tranquila, pausada, inhalando por 4 segundos y exhalando por 4 segundos poco a poco incrementa la profundidad de tu respiración 5 o 7 segundos.
    2. Pon atención a los sonidos de tu respiración por 7 respiraciones
    3. Siente y escucha los latidos de tu corazón por 7 respiraciones
    4. Imagina tu corazón y cómo bombea sangre desde tu pecho hacia los brazos, manos, recorriendo tu estómago, tu vientre, tus muslos, pantorrillas hasta la punta de los dedos de tus pies.
    5. Siente el recorrido de tu sangre y con cada fuerza del latido de tu corazón recorre tu cuerpo pasando nuevamente por tu pecho, espalda, cuello, cara y llega hasta tu cerebro llenando tu mente de luz blanca intensa.
    6. Estás en tu mente y ahora imagina un lugar hermoso dentro de un bosque lleno de árboles, flores, pasto muy suave, al fondo un hermoso lago con una cascada. Disfruta el aroma, el viento y los sonidos.
    7. Camina por el bosque y observa una cabaña muy bella, llena de luz y energía.
    8. Abre la puerta de la cabaña y observa tus mejores recuerdos, los que te han dado éxitos, orgullo y triunfos.
    9. Trae a tu presente esas sensaciones de triunfo del pasado.
    10. Sal de la cabaña y regresa al bosque, mira al cielo y agradece todo lo que tienes.
    11. Sonríe, emociónate y regresa a tu mente.
    12. Sigue respirando profundamente
    13. Realiza una cuenta regresiva a partir del número 10 hasta el 1 y abre los ojos

2. Escribe la siguiente afirmación:

GRACIAS POR CADA DIA SER MEJOR Y DARME ENERGÍA PARA LOGRAR MIS OBJETIVOS

Segunda parte Visualiza tus Victorias

1. Selecciona una música o canción que te llene de energía por 5 minutos.

   1. Ponte de pie y con todo tu cuerpo expresa una pose de victoria, por ejemplo, con las dos manos apuntando hacia arriba, similar a las poses de un boxeador cuando gana un combate, o un atleta llegando a la meta o un futbolista después de anotar un gol.

   2. Mientras escuchas la música, cierra tus ojos, saca el pecho y sube el mentón mostrando orgullo.

   3. Imagínate en un futuro, en un lugar donde seas admirado por ti mismo y los demás por tus logros.

   4. Conserva tu pose de victoria y observa como es tu vestimenta, tu calzado y accesorios más deseados

   5. Mira a tu alrededor todas tus posesiones que has obtenido gracias a tu esfuerzo

   6. Te encuentras muy saludable y sientes la admiración de personas importantes para ti

   7. Has cumplido tus metas logrando crecer profesionalmente, física y mentalmente

   8. Utiliza todo tu cuerpo para sentir, oler, tocar, mirar y saborear la Victoria

   9. Sonríe y complácete con un abrazo fuerte a ti mismo

   10. Abre tus ojos y escribe tus Victorias

Tercera parte: Enfoca y apunta al sol

1. Utiliza el esquema de visualización prisma:

    1. En el sol o estrella escribe en el centro tu misión: **Ayudar a mis Clientes a tomar decisiones.**
    2. En cada pico o punta del sol escribe las acciones que tienes que hacer todos los días para lograr tu misión.
    3. Abajo del sol dibuja un prisma o pirámide de 5 bases y en la primera base escribe lo que deseas SER en corto plazo. Del otro lado de la base de la pirámide escribe lo que deseas TENER de un bien material.
    4. De abajo hacia arriba de cada base de la pirámide escribe en cada una lo que deseas ser y tener en el tiempo mediano a largo plazo.
    5. En la línea Derecha de la pirámide escribe la edad en que lograras cada meta o victoria.
    6. En la línea Izquierda de la pirámide escribe el monto mensual de dinero que deseas obtener durante ese periodo de cada base de la pirámide.
    7. Escribe la siguiente afirmación en la parte inferior de la pirámide y repítela cada día, cada vez que mires tu esquema de visualización:

CON VOLUNTAD, ENTUSIASMO Y PERSISTENCIA HOY ES UN GRAN DIA EN MI VIDA, PORQUE QUERER ES PODER

    8. Escribe en la parte superior del sol o la estrella lo que realmente te motiva para cumplir tus compromisos, puede ser tu propia salud, ganas de vivir y conocer el mundo, tus posesiones materiales, el amor a tu pareja, y en su caso hijos, padres, familia y mejorar tu nivel de vida.

Consejos

1. Todos los días realiza este ejercicio, compártelo con tu mentor, amigo o un ser querido.
2. Cada vez que veas tu esquema, encontraras los medios, for-

mas y maneras de cómo lograr evitar frustración, vicios, tentaciones y errores que disminuye nuestro rendimiento.
3. Con esta visualización vas a motivarte y enfocarte en ser persistente y determinado en alcanzar tus Victorias.

Tema 4: Genera riqueza

Concepto

Riqueza es obtener el dinero que te permita cubrir tus costos de vida con el menor esfuerzo posible para mejorar la calidad de vida y ayudar a los que más necesitan.

Situación

"Soy un emprendedor en ventas"

Me llamo Luis, ejecutivo de cuenta que tiene la fortuna de tener una mentalidad ganadora donde vivo mi profesión como un negocio y no como un empleo.

En el pasado cometí errores de aparentar una imagen de riqueza y prosperidad con deudas financieras. Comprendí que obtener deuda es únicamente para incrementar ingresos.

En agradecimiento con la vida, deseo compartirte cómo **Ganar más y trabajar menos.**

Pasos

¿Cómo ganar más y trabajar menos en ventas?

Las acciones para impulsar una carrera emprendedora en ventas son:

1. Define tus propias metas en clientes, incentivos, habilidades y objetos de valor

2. Invierte tiempo en desarrollar relaciones con clientes a largo plazo siendo un socio de negocio, creando dependencia en su operación y tu servicio.

3. Reduce costos de traslado, administrativos y de contacto con herramientas digitales.

4. Propone mejoras a productos y procesos al ejecutar acciones que generen mayor valor y satisfacción a los clientes.

5. Forma grupos de aliados como colegas, competidores y clientes actuales para obtener referencias de clientes nuevos

Consejos

1. El negocio en ventas se relaciona con incremento de ingresos y reducción de costos.

2. Detectar oportunidades para atraer clientes, proponer soluciones integrales y elaborar estrategias de crecimiento te aseguran permanencia en el mercado.

3. Es mayor el riesgo de una parálisis que arriesgarte, perder y ganar experiencia rumbo al triunfo.

4. El camino para generar riqueza y obtener libertad financiera se logra con:

    1. Aprendizaje de empleado
    2. Experiencia de autoempleado
    3. Liderazgo de empresario y
    4. Estrategia de inversionista.

Tema 5: Entrena tu cuerpo

Concepto

Significa comprender el objetivo, responsabilidades, actitudes, estilos y habilidades que un ejecutivo de ventas de alto rendimiento debe dominar.

Situación

Raquel es una ejecutiva de recién ingreso que tiene experiencia en la venta de cosméticos por catálogo y que fue seleccionada para trabajar en una empresa que vende productos de belleza a estéticas de prestigio y tiendas departamentales. Al poco tiempo se dio cuenta que es diferente la venta de persona a persona que de persona a empresas y que requiere mayor preparación, primero para entender que el objetivo de su nueva posición como asesora comercial era el atraer, desarrollar y retener clientes para superar metas, generar beneficios y contribuir al crecimiento de la empresa

Pasos

¿Cómo entender las responsabilidades, funciones y estilos que un vendedor profesional debe tener?

1. Conoce las principales funciones y responsabilidades:
    1. Conocer productos y clientes
    2. Planear metas y agenda
    3. Buscar y perfilar clientes
    4. Contactar y firmar contratos
    5. Cobrar, dar seguimiento y pedir referencias

2. Comprende las actitudes que debe mantener en su comportamiento como la ambición por ganar, emoción por los retos, deseo por aprender, valor por competir y liderazgo para guiar y compartir.

3. Identificar un estilo de vendedor profesional y adaptar de acuerdo con el perfil del cliente:
    1. Promotor: Anticipa las necesidades del cliente. Es un excelente presentador y creativo en proponer soluciones.
    2. Consultor: Entrevistador, su habilidad para preguntar permite que el mismo cliente identifique su necesidad y urgencia por el producto. Entusiasta y Carismático.
    3. Controlador: Establece procesos de venta, negociación y persuasión. Es enérgico y muy hábil en cerrar la venta.
    4. Analítico: Calculador de Beneficios o Riesgos Económicos que logran que el cliente haga una compra meditada.

4. **Dominar las Habilidades de un asesor profesional en ventas:**
    1. Imagen y marca Personal:

1. Aseo personal impecable
2. Protocolo en vestimenta
3. Amable, respeto, servicial
4. Proactividad e innovación
5. Diseño de mapas mentales
6. Oratoria y creación de historias

2. Comunicación:
    1. Verbal: Tono, Velocidad, Volumen, Frases y preguntas consultivas
    2. No Verbal: escritura clara y concreta, reflejo de posturas corporales, expresiones faciales.
3. Técnicas: Neuro - ventas, AIDA, SPIN, anzuelos, degustaciones, escenarios, pre - cierres objeciones, argumentos y cierres.
4. Matemáticas: Porcentajes, proporciones, prioridades, tendencias, estadísticas, proyecciones, graficas, árbol de decisiones, costos, margen, tiempos, finanzas

Consejos

La auto preparación y la humildad para aprender de los mejores y de los peores, así como compartir tus mejores prácticas te ayudan a entrenarte y mantener un hábito de actualización constante.

Tema 6: Domina el proceso

Concepto

Comprender los detalles del proceso de ventas profesional desde la Planeación, Prospección, Presentación hasta la posventa, te asegura los conocimientos necesarios para que la experiencia frente al cliente sea extraordinaria con ganancias para ti y tu compañía y beneficios para tus clientes.

Situación

¿Porque no estamos vendiendo?

El Director ejecutivo de la empresa realiza dos preguntas a su primera línea de Directores: La primera sobre las causas del bajo resultado de ventas y la segunda acerca de solicitar propuestas para lograr que los ejecutivos de venta logren sus metas mensuales.

Respecto a la primera pregunta, cada Director mencionaba que el área que lideraba estaba perfecta y maneja argumentos con sustento numérico y gráficas impresionantes que el origen de las bajas ventas era por la incertidumbre del mercado, la mala situación económica, los riesgos que toma la competencia para reducir sus costos o que los vendedores no tenían el perfil para ser asesores profesionales.

El Director ejecutivo convoco a los 10 ejecutivos de venta que mayor desempeño tenían en el último trimestre y que eran los mejores a nivel nacional.

A cada uno les pregunto ¿cuál era su modelo de éxito? ¿Qué los hacia estar en los primeros lugares a pesar de los malos resultados a Nivel nacional? Y ¿Qué describieran su actividad diaria durante una semana?

El Director descubrió en sus 10 ejecutivos, 10 formas diferentes que los hacia ser de alto desempeño.

Observo que no había un modelo estandarizado de actividades de venta, es decir, que cada quien hacia actividades que les funcionaba mejor de acuerdo al mercado al que atendían, a la gestión de sus jefes directos y a las relaciones que habían construido durante más de 4 años de servicio en promedio.

Pareciera que en cada una de las áreas de la empresa como Productos, Marketing, Precios y Procesos de Operaciones funcionaban de forma correcta y la culpa de las bajas ventas las tiene el mercado y el Personal de ventas por no saber cómo convencer a los clientes en momentos de incertidumbre económica.

Lo que sí pudo observar de forma estandarizada en la fuerza de ventas con mayor resultado fue la actitud ganadora, ambición y deseos de superación a diferencia de los ejecutivos que mostraron bajos resultados.

Para obtener respuesta a la pregunta de obtener propuestas para mejorar los resultados de venta, también les solicito a los ejecutivos retroalimentación de los productos, publicidad y procesos y mencionaron que estaban siendo poco competitivos con los requisitos ya que los clientes los consideraban como poco flexibles para otorgar el producto al cliente, los altos tiempos de respuesta al cliente, la falta de apoyo en el seguimiento e implementación de los productos contratados y servicios posventa para mejorar la experiencia en el cliente con atención de cada integrante que mantiene contacto con el cliente y sin una oferta de soluciones de acuerdo a cierto perfil de clientes por categoría de importancia, es decir, faltaba una oferta de valor a los clientes más importantes y falta de atención y plan de crecimiento a los clientes más pequeños.

Adicionalmente la necesidad de contar con una herramienta digital para analizar, priorizar, agendar citas, registrar los productos vendidos y dar seguimiento a clientes para también reportar sus ventas y medir su desempeño para alcanzar sus metas.

Para complementar su investigación, el director visitó a los clientes más importantes de la empresa y les pregunto ¿porque estamos su principal socio de negocio? y se debía, en resumen, a la Confianza que representa trabajar con una empresa con años de experiencia en el sector y con excelente reputación, a los precios que manejaba en algunos productos siendo de las mejores opciones y al servicio y asesoría que el ejecutivo de ventas le ha otorgado con honestidad, compromiso y profesionalismo.

Con esta información el Director ejecutivo elaboró el siguiente plan para incrementar las ventas:

1. Productos: Ofrecer soluciones empaquetadas por giro de actividad del cliente (Fabricantes, Comercializadoras y Servicios) y por tamaño (Micros, pequeños, medianos y grandes).

2. Precio: Ofrecer descuentos o bonificaciones por crecimiento de vol-

umen de compra y por cantidad de soluciones adquiridas por el cliente recompensando la lealtad del cliente.

3. Ventas Digitales: Tener una fuerza de ventas especializada en dar atención, asesoría y venta directa de soluciones de productos por teléfono, web, facebook, LinkedIn, Twitter, páginas de cámaras y asociaciones, así como WhatsApp.

4. Todos Somos Ventas: Lograr que cada empleado de la empresa que tenga contacto con un cliente o prospecto y pueda: 1) recomendar nuestros productos, 2) realizar referencia a personal especializado de ventas y 3) obtener una recompensa posterior a la venta del producto o atracción de un cliente nuevo.

5. Estandarización del proceso de ventas: Establecer, medir y controlar las actividades que realiza la fuerza de ventas de acuerdo con las mejores prácticas de los mejores ejecutivos a nivel nacional para que los ejecutivos de mediano y bajo desempeño aceleren el cumplimiento de resultados.

El punto 5 es lo que más preocupaba al Director ejecutivo y deseaba conocer cómo lograr que los ejecutivos de mediano y bajo desempeño dominarán el proceso de ventas y tengan resultados similares a los ejecutivos de alto desempeño.

Pasos

1. Observación directa a los ejecutivos de alto, mediano y bajo desempeño con medición de tiempos y movimientos.

2. Distinguir las diferencias en términos de actividades de venta, descartando aquellas donde la ubicación geográfica, liderazgo del equipo y concentración de relación con clientes influyan en el resultado.

3. Documentar funciones y responsabilidades, esquema de incentivos, indicadores de metas y resultados, procesos de Planeación, Prospección, Presentación y Posventa así como el uso de herramientas en un Manual de ventas

4. Desarrollar en un piloto con duración de 2 meses la aplicación del manual de ventas a los de bajo desempeño con seguimiento y gestión por Ger-

encia de ventas.

5. Evaluar los resultados del piloto y hacer ajustes para liberar a todos los ejecutivos.

Consejo

La combinación de una capacitación con retos y juegos digitales , una lista de clientes potenciales y un concurso de ventas por equipo con un premio muy atractivo es muy efectiva para lograr el dominio del proceso por parte de la fuerza de ventas debido a que despiertas el deseo competitivo de cada ejecutivo, el orgullo de destacar en los primeros lugares del ranking o evadir estar en los últimos lugares para no ser evidenciado. Todo esto causa una motivación para ser el mejor.

www.ingramcontent.com/pod-product-compliance
Lightning Source LLC
Chambersburg PA
CBHW021829170526
45157CB00007B/2736